습관은 실천할 때 완성됩니다.

좋은습관연구소가 제안하는 56번째 습관은 "교사와 부모가 우리 아이들을 위해 함께 지켜야 할 습관"입니다. 습관을 잘 지키게 되면 무슨 일이 일어날까요? 이 책의 제목대로 "일상이 지켜지는 교실"이 탄생합니다. 교실(나아가 학교)은 아이들에게 아무 걱정 없이 신나게 놀고 공부하고 밥 먹는 공간입니다. 친구를 사귀고 함께 어울려 사는 법을 배우는 곳이기도 합니다. 그런데 교실이 그러한 기능을 잃고, 오직 교육 서비스를 제공하는 곳으로만 남게 된다면 어떻게 될까요? 우리 아이들은 어디 마음 터놓고 얘기할 어른도, 공간도 없는 불행한 유년기를 보낼지도 모릅니다. 그런 점에서 볼 때 선생님과 학부모는 동업자나 마찬가지입니다. 아이들의 교실을 이해하는 과정은 그래서 꼭 필요합니다. 이 책을 통해서 만나보길 바랍니다.

일상을 지켜주는 교실

함께 알아야 하는 ～～～～ 우리 아이 교실 풍경

오후야 지음

좋은습관연구소

서문.
흔들리는 모든 이들에게 격려와 응원을

 좋은 교사의 모습은 이 시대의 참다운 어른의 모습과 연결된다. 아이를 독립적인 인격체로 바라봐 주고 성장을 응원하며, 그 자체의 귀함을 알아봐 주는 것이 좋은 교사다. 그리고 아이들의 평범한 일상을 지켜주는 것이 교사인 내가 존재하는 이유다. 학교는 아이들이 학습하고 친구들과 어울리며 가정과 개인의 어려움은 잠시 잊을 수 있는 안전한 공간이어야 하며, 이러한 아이들의 평범한 일상을 지키는 것이 교사로서 가장 중요한 역할이다.

 10대와 20대에 충분히 정체성을 고민해보지 않고 들어선 교직 사회는 18년을 훌쩍 넘는 긴 시간이 흘렀음에도 여전히 힘겨웠다. 어느 날은 학생이, 어느 날은 학부모가, 또 어느 날은 관리자가 그리고 또 어느 날은 동료 교사가 나를 힘들게 했다.

교사의 역할은 날이 갈수록 강조되는 것 같은데 사회적인 평가는 곤두박질치는 분위기도 답답했다. 교육다운 교육을 하고 싶은데 눈치를 보게 되고, 대우에 비해 요구되는 것들이 많다는 자괴감에 마음이 무너지기가 일쑤였다.

하루 8시간, 인생의 많은 시간을 직장에서 보낼 수밖에 없는데, 다들 그렇게 살아가는 데, 혼자서만 힘들어하는 것 같아 약해 보이는 게 싫었다. 그렇다고 과감하게 그만둘 용기도 나지 않았다. 나 역시도 이러지도 저러지도 못하는 생계형 직장인일 뿐이었다.

더 솔직히 말하면 마흔이 되자 무얼 다시 해보고자 하는 의지와 할 수 있다는 자신감 그 어떤 것도 남아 있지 않았다. 그러다 2022년 2월 건강검진에서 2cm가 넘는 낭종이 췌장에서 발견되었다. 그 외에도 이곳저곳 아픈 곳이 나타났다. 매년 대학병원에서 추적검사를 받아야 한다고 했다.

건강 신호에 빨간 불이 들어오자 불안장애는 더 심해졌다. 쉬어야 한다는 의사 선생님의 소견에 따라 6개월 동안 휴직에 들어갔다. 육아 휴직 6개월을 제외하고는 단 한 번도 쉬지 않았던 나는 처음으로 여유를 가지고 스스로를 돌아보는 시간을 가졌다.

평일에는 도서관에 가서 책을 읽으며 구겨졌던 마음을 조금씩 다림질하고, 마음속 깊은 곳을 가만히 들여다보았다. 그런데 이상하게도 한동안 전혀 보고 싶지 않던 학교가 어느새 마음속 깊은 곳에서 조금씩 그리운 곳으로 떠오르기 시작한 것이었다.

어차피 떠날 수 없다면 이왕 이렇게 된 거, 학교(교실)의 즐거운 점을 찾아보자! 그렇게 학교와 멀리 떨어진 곳에서 마음을 조금씩 열었다. 그러자 신기하게도 고마운 것들이 하나둘 보이기 시작했다.

이 책은 지난 18년 동안 교직 생활에서 내가 겪었던 일들에 대한 기록이다. 그 시간 동안 나는 행복에 겨워하기도, 때로는 힘이 부치기도, 투덜거리기도 많이 했다. 이런 것들을 고스란히 남기는 것만으로도 의미가 있다는 생각이 든다. 다양한 사람이 모인 교실에서의 에피소드가 때로는 내가 부족해서 생긴 일 같아 무력감에 빠지기도 했지만, 이제는 무거운 책임감을 내려놓고 함께 이야기하며 성장해 나가고 싶다.

그리고 직업인(교사)으로서 힘겨워하고 있을 누군가에게는 따뜻한 위로가 되었으면 좋겠다. 바쁜 직장 생활과 아이 걱정으로 한시도 고민이 멈추지 않을 학부모님들에게는 아이가 누구와 어떻게 지내고 있는지, 아이가 말하지 않는 교실 속 세상은 어떤 곳인지 알 수 있는 기회가 되었으면 좋겠다. 그래서 아이를 이해하고 교사를 이해하고 학부모를 이해하는, 서로를 좀 더 진실하게 바라볼 수 있는 단초가 되었으면 좋겠다. 연대의 힘을 느끼며 흔들리는 모든 학생과 학부모와 교사에게 격려와 응원이 되었으면 좋겠다.

흐린 창문 사이로 하얗게 별이 뜨던 그 교실
나는 기억해요 내 소년 시절의 파랗던 꿈을
세상이 변해 갈 때 같이 닮아 가는 내 모습에
때론 실망하며 때로는 변명도 해보았지만
흐르는 시간 속에서 질문은 지워지지 않네
우린 그 무엇을 찾아 이 세상에 왔을까
그 대답을 찾기 위해 우리는 홀로 걸어가네
세월이 흘러가고 우리 앞의 생이 끝나갈 때
누군가 그대에게 작은 목소리로 물어보면
대답할 수 있나 지나간 세월에 후회 없노라고
그대여

문득 신해철의 〈우리 앞의 생이 끝나갈 때〉를 들었던 2021년의 어느 봄날이 생각난다. 새 학기를 맞아 아이들도 나도 서로에게 적응하느라 피로감을 느끼던 봄. 눈부시게 밝은 햇살과 극렬히 대비되었던, 마음 상태가 너무 처량해 나도 모르게 눈에 눈물이 가득 뿜어져 나왔던 그날. '우린 그 무엇을 찾아 이 세상에 왔을까' 나는 무엇을 위해 여기 교실에 남아 있는 걸까?

시간이 흘러 2025년 지금, 나는 이 책을 쓰며 학교는 모두에게 일상의 공간이 되어야 한다고 한 번 더 생각한다. 그리고 희망을 놓지 않고 열심히 사는 교사들이 많다는 사실도 꼭 말하고 싶다.

이 글을 읽는 모든 이가 교육 현장의 어려움과 기쁨 속에서 스스로를 더 잘 돌보고, 그 속에서 행복을 찾기를 바라며.

※ 이 책에 등장하는 학생들의 이름은 모두 가명입니다.

목차

서문. 흔들리는 모든 이들에게 격려와 응원을   5
스토리. 교직 생활의 시작   15

1부. 나는 여전히 교사가 어렵다

교사의 직업병   28
학교는 가기 싫지만, 급식은 먹고 싶어   35
극한 직업 1학년 교사   41
선생님은 신경 끄세요!   49
이 수업해? 말아?   57
발길질을 당하다   63
분노 조절 대작전   68
생일의 긴박한 실종 사건   74
쉽게 화내지 맙시다   78
우리 아이는 절대 그럴 리 없어요   84
새 학기는 언제나 떨린다   89

2부. 그럼에도 교사하길 잘했다

나를 울린 간장계장	96
거짓 일기를 쓰는 아이	101
쿵짝이 잘 맞는 우리	104
은따 사건을 다루는 나만의 지혜	109
너는 소중한 아이야	116
비밀은 지켜줄게	120
나의 선생님	125
따뜻한 말 한마디	129
선생님 경시대회	133
우리 반만의 대회	137
엄마가 없는 사람은 없어	141
돈을 훔치는 아이	147
우리들의 교실 슈퍼마켓	154
라디오는 사연을 타고	157
버스만 타도 재밌거든요!	160

3부. 나는 여전히 교육을 꿈꾼다

우리는 한배를 탄 사람들입니다	170
글쓰기를 하는 이유	176
내가 너희 옆에 있어야 하는 이유	179
안녕, 졸업 축하해	182
시절인연	186
열심히 실패하자	190
네가 왜 거기서 나와	194
나는 여전히 교육을 꿈꾼다	199
퇴직할 때 남기고 싶은 말은	203

에필로그. 함께 걸어온, 그리고 걸어갈 시간	207
* 초임 교사에게 전하고 싶은 습관 10가지	210
* 학부모님에게 전하고 싶은 습관 12가지	213

스토리.
고직 생활의 시작

　내가 초등학교 4학년 때, 아버지가 음주운전 차에 치여 크게 다치시는 일이 있었다. 당시 음주 운전을 한 사람은 아이러니하게도 음주 운전 단속을 해야 하는 경찰이었다.
　나와 형제자매들은 아버지가 곧 나으셔서 오뚝이처럼 일어나실 것으로 생각했다. 아버지는 원래 그런 존재 아닌가. 하지만 그런 바람과 달리 아버지는 2년이 넘는 기간 동안 병원에 계셨다. 안타깝게도 지금까지도 후유증으로 고생하고 계신다.
　아버지의 사고 소식을 듣던 날 라디오에서 흘러나오던 노래 〈가려진 시간 사이로〉(윤상)는 아직도 잊히질 않는다. 마치 다시는 돌아오지 못할 평범했던 우리 가족의 모습이 '가려진 시간' 속으로 사라지는 느낌이었다.

   노는 아이들 소리
   저녁 무렵의 교정은
   아쉽게 남겨진 햇살에 물들고
   (중략)
   지금까지 나 헤매는 까닭엔
   네가 있기는 하지만
   우리 모두 숨겨졌지
   가려진 시간 사이로

노래를 들을 때마다 가방에 과자를 한 아름 담아주시던 아버지의 모습이 오버랩된다. 아버지 사고가 있었던 전날은 소풍날이었다.

아버지가 다치기 전까지 나는 아주 평범한 아이였다. 그 나이에 맞게 철도 없었다. 하지만 사고 이후로 처음으로 부모님을 위해 할 수 있는 일이 무엇일까를 생각했다. 당시 11살의 내가 할 수 있는 일이라고는 부모님을 위해 공부를 열심히 하는 것이 전부였다. 모든 과목에서 수(수우미양가로 성적표가 나오던 시절이었다.)를 맞은 나의 성적표는 아버지를 오랜 기간 간호하고 있는 어머니에게 유일한 기쁨이었다.

지금의 내 나이와 비슷했던 어머니는 참으로 긍정적이셨다. 아이 셋에 남편은 크게 다쳤는데도 항상 웃음을 잃지 않으셨다. 하루는 어머니가 내게 이런 말씀을 하셨다.

"남들이 나보고 뭐가 그렇게 좋아서 웃느냐고 그런다. 그렇다고 맨날 울고 사니? 그렇다고 아빠가 괜찮아지니? 그냥 받아들이고 웃고 살자. 그래야 힘이 나지."

어머니 덕분에 우리 가족은 그 이후로도 웃고 살 수 있게 되었고, 아버지도 당신의 변화를 받아들였다.

막내였던 나는 5학년 여름 방학과 겨울 방학을 아버지가 입원해 계신 서울의 병원에서 보냈다. 그 무렵 내가 자주 만나게 된 직업인은 의사였다. 특히 아버지의 상처를 정성스레 치료해 주셨던 담당 주치의 선생님은 정말로 하늘에서 내려온 천사 같았다.

어느 날 그 주치의 선생님이 보이지 않았다. 어머니에게 물어보니, 어떤 환자에게 감염되어서 8층에 입원 중이라 하셨다. 그리고 얼마 지나지 않아, 상태가 악화되어 갑작스레 돌아가셨다고 했다.

어린 나이에 그 소식은 굉장한 충격으로 다가왔다. 착한 사람은 하늘이 정말 빨리 데려가는 건가, 싶은 생각이 들었다.

환자로 인해 갑자기 죽을 수도 있다는 사실이 엄청난 두려움으로 느껴졌다. 하지만 그런 희생 정신에 더 깊은 감명을 받았던 걸까. 그분처럼 의사가 되고 싶다는 마음이 불쑥 들었다. 착한 의사 선생님이 되고 싶었고, 무엇보다 아버지를 잘 치료해 드려 다시 원래의 몸으로 돌아가도록 해주고 싶었다. 누군가에게 도움이 되는 직업이 숭고하게 다가왔다.

일찍 철이 들어 공부에 몰두했고, 지역 과학고에 입학했다. 지금도 그렇지만, 당시에도 의대를 목표로 하는 학생이 많았다. 나 역시 같은 생각이었다. 하지만 과학고 내신이 입시에 불리할 수 있다는 이야기를 듣고는 고1을 마치고 일반고로 학교를 옮겼다. 그러고 나서 무려 세 번의 수능을 보았지만, 끝내 원하는 의대 진학의 꿈을 이루진 못했다.

어머니는 교대를 권했다. 사실 교사가 된다는 것은 어머니의 꿈이었다. 그 옛날 다들 그랬듯이, 여자는 가사를 돌봐야 한다는 할아버지의 뜻에 따라 어머니는 꿈을 접고 아빠와 만나 결혼을 했다.

어머니의 못 이룬 꿈은 자연스럽게 나에게로 이어졌다. 내 돌 사진 뒤에 "나는 자라서 선생님이 될 거야."라고 어머니가 적어두신 글귀가 있었다. 좀 커서, 이를 볼 때마다 마치 누군가가 내 운명을 결정한 것처럼 거부감이 느껴졌다. 어머니가

야속하기도 했다. 하지만 IMF 이후 안정적인 직업이 선호되던 사회 분위기 속에서 결국 나는 어머니의 뜻대로 교대를 지원했다.

엄마를 대신해 꿈을 이루어 드리는 것도 나쁘지 않겠다는 생각으로 마음을 고쳐먹었다. 그리고 꼭 의술이 아니더라도, 누군가를 가르치는 것 또한 타인을 도와주는 일로 의미가 있다고 생각했다. 그러나 많은 고민을 하고 선택한 진로가 아니었기에 대학 시절 공부는 큰 흥미를 주지 못했다. 중간중간 가슴 뛰는 다른 일을 찾아야 하는 건 아닌가 하는 얕은 고민을 하기도 했지만, 대학교가 만들어준 길을 따라가는 것으로 시간을 보냈다.

어느덧 대학교 4학년이 되었고 임용고시를 보았고, 큰 이변 없이 초등학교 교사가 되었다. 큰 사명감이나 가르치는 일에 대한 진지한 고민이 있었던 것은 아니었기에 조금은 부끄러운 출발이었다.

대게 발령은 임용고사 성적순으로 학기가 시작하는 3월이나 9월에 많이 난다. 임용고사 성적이 중간 정도였던 나는 9월에 발령이 났다. 발령 전에 뭘 할까 고민을 하다가 영어 전담 기간제 교사로 집 근처 학교에서 먼저 일을 해보기로 했다. 교사로서 쉼 없이 일할 줄 알았다면 발령 전 만이라도 실컷 여행을 다녀왔을 텐데, 시간만 있고 돈은 없었던 청춘인지라 자연스럽게 돈도 벌고 발령 전 경험을 쌓자는 마음으로 영어 전담 기간제 근무를 했던 것이었다.

다른 영어 선생님 K와 함께 한 방을 사용하게 되었는데, 그 선생님은 업무 관련 통화만 해도 시끄럽다며 나에게 텃세를 부렸다. K선생은 내가 만난 최악의 동료 중 한 명이었다. 교직 생활을 시작하기도 전에 교사 일이 싫어졌다. 내 꿈도 아니었고, 엄마의 꿈을 대신 이뤄준다는 생각이 고개를 들더니, 괜스레 엄마를 향한 원망의 마음이 들기까지도 했다.

나는 이런 원망심과 괴로움을 어떤 필터도 없이 엄마에게 퍼부었다. 전화해서는 "나 교사 못 해 먹겠어!"라고 울면서 말하기도 했다. 과연 내가 교직 생활을 잘해나갈 수 있을까, 의문이 들었다.

그렇게 우여곡절 끝에 기간제로 일하던 두 달여의 시간을 무사히 견디고 드디어 발령이 났다. 정식 발령이 나기도 전에 교직 생활에 상처를 받았지만, 이제 우리 반 아이들이 생긴다는 사실에 조금은 마음이 설레었다. 작은 기쁨과 기대감이 봄날의 벚꽃 잎 마냥 떠다녔다.

그래서일까? 처음은 언제나 특별하고 기억에 오래 남는다. 첫 발령으로 만난 아이들은 그래서 더 특별하고 기억 속에 많이 남아 있다.

첫 발령지인 학교가 있던 지역은 재건축 아파트가 들어선 곳이었다. 막 입주가 시작된 곳이어서 처음 13명으로 시작한 우리 반은 끝날 때는 27명이 될 정도로 끊임없이 아이들이 전학을 왔다. 분위기도 어수선하고, 담임인 나도 처음이다 보니 교실은 언제나 혼란스러운 에너지가 가득했다.

당시 교장 선생님은 담임 소개를 할 때 "올해 신규 발령으로 오신 오후야 선생님이십니다."라고 굳이 '신규 발령'이라고 콕 집어서 친절히 말씀하셔서, 아이들은 모두 내가 초짜 선생님임을 잘 알고 있었다. 그래서 아이들은 내가 실수할 때, 귀엽게도 이렇게 말했다.

"선생님 처음이시잖아. 이해해 드리자."

또 친구들이 떠들 때면 이렇게 말했다.

"야, 선생님 처음이시잖아. 너희가 그러면 선생님이 힘드셔."

놀랍게도 나는 아이들로부터 잔뜩 배려를 받았다.

교실 현장을 잘 모르던 나는 무조건 친구 같은 선생이 되고 싶었다. 육아든 교육이든 친구 같은 부모나 교사보다는, 권위적이지는 않지만 권위 있는 어른이 되어야 한다는 사실을 모른 채, 그저 좋은 선생이 되고 싶었다.

그래서 그런지, 수업 시간은 내 의도와 다르게 늘 시끄럽거나 어수선했고, 뭔가 잘못되어가고 있다는 느낌이 자주 들었다. 그래도 아이들이 날 좋아한다고 느꼈고, 다들 즐겁게 조잘거리며 행복한 표정으로 학교에 다니고 있으니 이 정도면 잘하고 있다고 스스로를 위로했다.

학년이 끝날 무렵, 다음 해에는 좀 더 전문적이고 잘 지도하는 교사가 되고자 하는 마음에 올해 우리 반에 좋았던 점, 개선해야 할 점 등을 아이들에게 적어보라고 했다. 말은 그렇게 했지만 내심 '정말 즐거운 한 해였어요!' 같은 칭찬을 잔뜩 기대했다. 하지만 웬걸, 생각지도 않게 몇몇 아이들이 '시끄러워서 수업 시간에 집중할 수 없었어요.'라고 쓴 내용을 보고 당황을 금치 못했다.

기분 좋게 같이 떠들었지만, 아이들 마음은 그게 아니었다. 더 집중해서 공부하고 싶었는데, 내가 그 마음도 모르고 좋은 게 좋은 거지, 하며 넘어간 거였다. 스스로가 한심했다.

다음 연도에는 첫해의 나와 다른 카리스마가 있는 선생이 되고자 했다. 아이들에게 허용되는 범위를 분명히 알려주고, 잘못된 행동은 엄격하게 지도했다. 일관성 있는 지도안에서 아이들은 집중도 잘하고 안정감도 가지는 것 같았다. 나도 조금은 햇병아리 티를 벗기 시작했다.

발령 첫해, 기억나는 에피소드가 하나 있다. 수학여행을 다녀온 어느 날이었다. 학생들이 낸 수학 여행비를 정산하는데 입장료, 교통비 등 실사용 한 금액을 계산해보니 잔액이 조금 남았다(여행 일정이 바뀌거나 참가 인원이 바뀔 때 간혹 비용이 남기도 한다.).

남은 금액이 클 때는 환불을 하고, 적을 때에는 기부를 하는 것으로 했는데, 정확히 기억나지 않지만 잔액이 학생당 15원 정도가 남았다. 그래서 남은 금액은 기부하기로 했다. 반 아이들에게 가정통신문을 나눠주며 이를 설명하고 있는데, 한 아이가 아주 불만 가득한 얼굴로 그러는 것이었다.

"선생님. 저는 기부하고 싶지 않은데요? 왜 학교가 마음대로 기부해요?"

그 순간 너무 화가 났다. '아니 고작 15원도 기부하지 못할 정도로 네 마음의 그릇이 그 정도인 거야? 응?'

젊고 미숙했던 나는 언짢은 표정을 감추지 못하고 주머니에서 20원을 던져주며 "야! 가지고 가!"라고 소리쳤다. 지금이었다면 조용히 불러서 다시 한번 취지를 설명해 주고 다독였을 텐데, 당시에는 너무 화가 난 나머지 12살 아이처럼 똑같이 반응했다. 늘 시니컬한 그 아이의 모습에 평소에도 상처를 많이 받았던 터라 더욱 감정의 동요를 멈출 수 없었다.

그러고 그 일을 한참 잊고 있다가, 2년이 지난 스승의 날. 중학생이 된 그 아이와 다른 아이 두 명이 날 찾아왔다. 너무 반가워 피자집에서 피자를 먹고 있는데 아이가 그때의 에피소드를 꺼내며 이렇게 말했다.

"선생님. 제가 그때는 왜 그랬나 몰라요. 정말 사춘기였나 봐요."

나는 깜짝 놀라 웃으며 대답했다.

"어머, 너 기억하니? 하하하!"

옆에 있는 친구는 거들며 내가 동전을 던져주던 모습을 장난스럽게 재현했다.

"선생님, 그때 표정이 진짜 먹고 떨어지라는 표정이었어요! 하하하."

"풉. 선생님도 미안했어. 내가 너무 했지?"

"선생님도 그런 상황이 처음이었으니까... 이해해요. 하하하."

피자집 안은 우리의 웃음소리로 가득 찼고, 그렇게 수학여행 동전 사건은 우리의 특별한 추억으로 남게 되었다.

그런데 이상하게도 안정적으로 큰 싸움 하나 없이 학급을 잘 운영했다고 생각한 두 번째 해의 아이들은 졸업 후 따로 연락이 없었다. 반면 엉망진창이고 실수가 많았던 첫 해의 제자들과는 아직도 꾸준히 연락을 한다. 아마도 아이들은 의욕만 앞서던 어리바리하던 나를 좀 더 인간적이고 친근하게 느낀 건 아닐까.

시간이 지나면 이해의 폭도 넓어지고, 마음도 너그러워지고, 가르치는 스킬과 상담 기법도 늘어간다. 나에게 처음이라는 곁을 내준 아이들에게 감사의 인사를 전하고 싶다. 나는 그렇게 선생이 되었고, 아이들과 함께 동고동락하는 사이가 되었다.

여담으로, 걸음마 단계인 신입 교사에게는 누구든 좀 더 넓은 마음으로 바라봐 주었으면 좋겠다. 그들이 단지 일만 하는 '직장인'이 아닌 자기 일에 대한 깊은 이해와 정체성을 가진 '직업인'으로 태어날 수 있도록 말이다. 우리 반 제자들이 나에게 그랬던 것처럼.

이제 본격적으로 학교 이야기로 들어가 보자.

1부.
나는 여전히 교사가 어렵다

교사의 직업병

직업인이라면 누구나 한두 가지쯤은 직업병이 있다. 근무한 지 몇 달도 되지 않아 나에게도 직업병이 찾아왔다.

처음 학교로 발령받은 후 가장 고민스러웠던 점은 화장실에 언제 갈 수 있을지였다.

쉬는 시간이 되면 몇몇 아이들이 나에게 와서 주말에 부모님께 혼났던 일이나 재미있었던 일을 미주알고주알 떠들러 온다. 특히 선생님과 이야기하는 것을 좋아하는 아이들은 쉬는 시간을 거르지 않고 찾아온다. 때로는 학습과 관련해서 질문하러 오는 기특한 아이도 있다.

아이들은 많고 선생님은 하나 다 보니 십 분이지만 매번 많은 질문을 받는다. 물론 아이들이 이런 사정을 잘 아는 것은 아니다. 가끔 찾아오는 아이일수록 더 신경써서 대답해 주어야 한다.

특히 나를 아무 데도 가지 못하게 붙잡아두는 아이들이 있는데, 이들은 주로 '일러바치기'를 한다. 재미있게 놀다가도 뭐가 서운했는지, 친구와 엉켜 놀다가 "선생님, 은수가 자꾸 때려요.", "선생님, 수지가 자꾸 놀려요."라고 웃으며 일러바친다. 해결해주길 바라는 건지, 그저 들어주길 바라는 건지 도대체 알 수 없는 표정으로 나를 찾는다.

화장실을 가거나 다른 볼일을 보려 해도 아이들이 엉겨 붙어 노는 모습을 보고 있으면, 내가 없는 사이 안전사고가 나지는 않을까 걱정이 되어 발길을 떼지 못할 때도 있다. 그러다 보면 어느새 쉬는 시간이 바람에 실려 가듯 지나가 버린다.

아이들은 쉬는 시간을 깨알같이 챙겨서 놀고는, 공부 시간이 되면 잊고 있던 화장실이 생각나는지 손을 들고 다녀오겠다고 한다.

'너희는 공부 시간에도 마음껏 화장실을 갈 수 있어 좋겠구나.'

하지만 교사는 도대체 언제 화장실을 가야 할지 틈을 잡기가 참 어렵다. 그리하여 신입 교사 시절 몇 차례 겪은 고질병이 방광염이다. 화장실을 제때 가지 못해 방광에 이상이 생기는 것이다. 특히, 갑자기 화장실에 가고 싶다는 생각이 불현듯 떠오르면 도저히 참을 수가 없다.

　친구와 영화관에 갔다가 난감한 일을 겪은 적도 있다. 영화가 끝나고 화장실을 갔다가, 화장실 문을 보는 순간 참을 수가 없었다. 오랜 시간 화장실을 못 가서 생긴 급함이 아니라, 물을 보거나 화장실 문만 보면 몸이 저절로 반응하는 오작동이었다. 결국 차례를 기다리다 그만 바지에 실수를 하고 말았다.

　바지가 서서히 젖어 가는 것을 보며 느꼈던 수치스러움은 이루 말로 설명할 수가 없다. 그날 집으로 어떻게 갔는지도 모르겠다. 지금은 경력이 쌓여 화장실을 눈치껏 잘 다녀오고 있어 방광염 문제는 자연스럽게 해결되었다.

　내가 겪은 두 번째 직업병은 성대결절이다. 신입 교사 시절에는 목소리를 강약 조절하는 요령도 없고, 마음만 급해서 쓸데없는 말도 많이 하고, 그렇게 목을 혹사 시킨다.

　나 역시 방광염이 다 나아갈 때쯤 성대결절이 찾아왔다. 하루 여섯 시간씩 수업하고 아이들의 말에 일일이 대꾸하던 시절이었다. 조금만 무리한다 싶으면 감기에 걸린 것도 아닌데 목소리가 아예 나오지 않거나 쇳소리가 났다.

'가수들만 걸린다는 그 성대결절이 나에게도 찾아오다니.' 그저 신기할 따름이었다.

목소리가 아예 나오지 않는다고 해서 학교를 쉴 수는 없다. 일단 학교를 나가기는 했지만 말을 할 수 없으니 아이들 지도를 어떻게 해야 하나 고민이 되었다. 결국 컴퓨터에 하고 싶은 말을 쓰고 TV로 띄워 놓으며 글로 대화를 했다. 아이들도 선생님이 짠했는지 오히려 말을 더 잘 듣는 것 같았다.

말을 많이 한다고, 소리를 친다고, 아이들이 집중을 더 잘하는 건 아니구나를 그때 깨달았다. 아이들은 선생님 목소리 어떡하냐며 애꿎은 허스키 보이스의 대명사 박경림 씨와 비교를 해댔다('얘들아. 박경림 씨는 사회자로 잘 나가신단다!').

세 번째 직업병은 난청과 이명이다. 물론 병원에서 심각하다는 진단을 받은 것은 아니나 귀가 점점 더 안 들리는 기분이 들 때가 있다. 아니, 듣기를 포기한 것처럼 스스로 안 들으려는 것 같을 때가 있다.

아이를 키우는 부모님이라면 잘 알 것 같다. 아이 두 명이 내는 소리가 얼마나 큰지. 그런데 두 명도 세 명도 아닌 스무 명이 넘는 아이들이 떼로 소리치고 노는 소리에 자주 오랜 기간 노출되다 보면, 내 귀가 내 귀가 아닌 것 같은 기분과 함께 '나는 누구? 여긴 어디?'라는 질문이 마음 한구석에서 새어나

온다. 급식 시간에도 밥을 코로 먹는지 입으로 먹는지 헷갈릴 지경이다. 어지간한 소음에는 면역이 생길 법도 한데, 왜인지 해가 갈수록 점점 더 안 들리는 느낌이다. 마치 생존 본능처럼 의도적으로 안 들으려는 필사적인 노력 때문일지도 모르겠다.

문제는 소리를 안 들으려는 무의식적인 노력이 정도를 넘어 사람 말에 집중을 잘 못 할 때가 생긴다는 것이다. 교사가 원래 본인은 말하기를 좋아하고 듣는 것을 싫어한다고 하더니, 혹 이 때문이 아닐까. 교직원 전체 회의 시간, 다른 교사의 설명에 집중하지 못하고 딴짓을 하는 선생님들을 보면 원래 집중력이 이만큼은 아니었을 사람들일텐데, 피식 웃음이 새다가 웃프다는 생각도 든다.

네 번째 직업병은 심장 두근거림이다. 밤에 학부모 문자나 전화가 올 때 증상이 심해진다. 그리고 밤잠까지도 설치게 된다. 비단 나만 느끼는 증상은 아닌 것 같다. 주변 동료 교사들에게 물어보니 나와 비슷한 분들이 많았다.

타고난 걱정쟁이인 나는 문자 하나에도 끝없는 걱정을 하다 날을 꼬박 새는 경우가 있다. 예전에는 담임교사의 핸드폰 번호를 공개했기 때문에 그 정도가 더 심했다. 사실 학부모 입장에서는 자녀의 문제가 많이 걱정스러워 밤늦은 시간이라도 담임 선생님께 연락을 해야 할 때가 있다. 같은 아이를 키우는 엄마로서 그 마음을 모르는 것은 아니다. 하지만 문자 하나로 통화 하나로 문제가 해결되진 않는다. 대부분은 다음 날 아이들과 함께 이야기해야 해결이 된다.

요즘에는 상담 시간을 정해놓는 편이고, 퇴근 이후의 사생활을 존중해 주어야 한다는 사회적 인식이 높아져 이런 부분이 많이 나아졌지만, 여전히 나를 비롯해 많은 교사가 문자 하나에 울렁증을 겪는다.

이제 마지막이다. 마지막 직업병은 심한 자기검열이다. 어느 정도냐면 문자나 블로그에 글을 올리려다가도 행여 맞춤법이라도 틀릴까 봐 쓴 글을 여러 번씩 확인해야 직성이 풀린다. 혹여 내 아이 친구 엄마 모임에서도 "교사가 왜 저러나."라는 말을 들을까 봐 말조심, 행동 조심을 과도하게 하게 된다. 마치 가면을 쓰고 사람을 만나는 기분이다.

그리고 조금이라도 양심에 어긋나는 일은 절대 하지 않는다. 물론 양심에 어긋나는 일은 해서는 안 되겠지만, 정말 아주 사소한 거라도 내가 한 행동이 옳은 것인지 그렇지 않은 것인지, 내가 한 말이 누구에게 피해나 상처를 주진 않는지, 머릿속으로 여러 번 생각하게 된다.

학교 근처 동네에 살 때는 밖에서 내 아이를 혼낼 때도 누가 볼세라 어지간히 눈치가 보였다. 내 아이다 보니 혼내다 보면 더욱 욱할 때가 있는데, 혹여 다른 학부모님이 이 장면을 보다가 학교에서 자기 아이에게 저렇게 하는 거 아니냐며 오해할까 봐 조심하게 된다.

누군가로부터 동네에서 나를 봤다는 이야기를 들을 때면 선생은 '돈 못 버는 연예인'이라고 하는데, 그 말이 괜히 있는 게 아니구나를 생각한다. 당연히 '쌩얼' 외출은 꿈도 못 꾼다.

과도한 자기 검열인가 싶기도 하다가도 동네 맘카페에서 우리 아이 선생님이 술을 먹고 있는 것을 보았다, 선생님이 SNS에 수영복 차림의 사진을 올렸더라, 게시판에 올라온 글을 보면 그저 개인적으로 볼 문제만은 아닌 게 틀림없다.

다른 사람에게 피해를 주지 않고 법에 어긋나지 않는다면 한 개인의 사생활은 존중되어야 한다. 사람은 누구나 때와 장소에 따라 다양한 페르소나를 가지고 있는 것처럼, 교사에게도 그런 영역이 있음을 인정해 주었으면 좋겠다.

이렇게 다섯 가지가 내가 18년 동안 초등 교사를 해오며 얻은 직업병이다. 다섯 개나 되다니 많다. 내일은 또 어떤 직업병이 찾아올까. 언제나처럼 부디 사랑하는 아이들과 잘 부대끼며 직업병도 잘 이겨냈으면 좋겠다.

학교는 가기 싫지만, 급식은 먹고 싶어

 학교생활 중 가장 기다리는 시간은 바로 급식 시간이다. 아이들뿐만 아니라 선생님도 이 시간을 제일 기다린다는 걸 아이들은 알까?

 남이 해주는 밥은 원래도 맛있지만, 특히나 급식은 영양 선생님께서 5대 영양소를 신경 써서 짠 식단표로 만든 음식이라 더 맛있다(영양 교사는 영양 교육과 학교 급식을 담당하는 교원이다.). 아침을 거르거나 저녁을 대충 먹어도 급식 하나라면 몸에 미안함이 덜하다. 좀 더 과장해서 말하자면 급식을 먹기 위해 학교에 다닌다고 해도 과언이 아닐 정도다.

 급식을 먹기 직전 수업 시간은 급식실에 얼른 뛰어가고 싶어 마음이 콩밭에 가있는 기분이다. 아이들도 급식 시간이 다 가오면 배가 고프다며 아우성이다. 특히 식단표에 치킨이나 케이크 같은 디저트가 나오는 날이면 더더욱 그렇다.

수업이 끝나고 손 씻고 오기가 무섭게 번호순으로 아이들을 줄 세운다. '오늘은 제발 빨리 가보자.' 마음은 이리 급한데 아이들은 배고픔도 잠시 잊고 저마다의 사정으로 제대로 줄 서기를 하지 않는다. 눈치도 없이 말이다.

옆 반 친구들과 인사하느라 느릿느릿 손 씻고 오는 아이, 손 씻고 오며 복도에서 서로 얽혀 장난을 치며 도무지 들어오질 않는 아이, 줄을 서긴 했는데 친구들과 장난치고 떠드느라 몇 번이고 인원수를 다시 파악하게 하는 아이, 물통 챙기느라고 줄에서 다시 이탈한 아이, 그 사이에 또 무슨 사소한 다툼이 생겼는지 누가 어떻다며 고새를 못 참고 일러바치는 아이. 배가 고픈 아이와 눈치 빠른 아이 몇몇은 얼른 줄을 서라고 성화다. 한마디로 카오스다.

이때 가장 빨리 줄을 세우고 출발하는 나만의 노하우는(노하우라고 할 것까지는 없지만) 숫자를 세는 방법이다.

"10, 9, 8, ... 3, 2, 1. 출발!"

아이들도 그제야 "어엇!" 하며 부랴부랴 줄에 합류한다.

"선생님. 현우 집에 갔어요?"

반에서 제일 급식을 잘 먹는 준석이가 묻는다. 제일 잘 먹는다는 의미는 반드시 한 번은 급식을 '리필'한다는 뜻이다.

"응. 현우. 집에 갔지."

열이 나기 시작한 현우가 보이지 않자 궁금해서 질문하는가 싶었다.

"선생님. 현우 너무 안됐어요."

"그치? 얼른 나아야 할 텐데……"

"아니요. 오늘 뿌링클 치킨 나오는 날인데 못 먹어서 너무 안 됐어요."

표정을 보니 진심이 느껴진다.

"아 그치……. 뿌링클… 진짜 안 됐네. 풉!"

친구 몸 걱정보다 뿌링클 치킨을 못 먹는 것이 더 안쓰러운 맑고 투명한 통통 튀는 참새 같은 아이들. 이런 사소한 말 한마디는 집에서도 가끔 생각나 혼자 피식 웃는다.

급식을 먹을 때는 급식을 코로 먹는지 입으로 먹는지 모를 때가 많다. 특히 저학년 담임일 때는 더욱 심한데, 디저트로 짜먹는 요거트가 나오는 날이면, 가위를 들고 26명의 요거트를 다 따줘야 한다.

짜먹는 요거트는 이해가 가지만 생수병을 매번 따줘야 하는 아이도 있다. 조금만 힘주면 열 수 있을 것 같은데, 선생님이 열어주는 게 좋은 건지 매번 열어달라고 부탁을 한다. 하는 수 없이, 맛난 물 먹고 무럭무럭 자라라는 마음으로 매번 웃으며 생수병 뚜껑을 따준다.

  급식 시간에 제일 난감한 일은 급식을 먹지 않겠다고 떼를 쓰는 아이다. 이유도 도통 말하지 않고 급식실로 가지 않겠다고 고집을 부릴 때면, 내 몸은 하나인데 이 일을 어찌해야 하나 싶다. 일단 다른 아이들부터 얼른 급식실에 데려다 주고, 급식실에 계시는 영양 선생님이나 다른 선생님께 도움을 청한 뒤, 후다닥 교실로 돌아온다.

  급식실에 가지 않겠다고 버티는 아이는 나에게는 사소해 보이는 이유일지라도, 본인에게는 무척 큰일이 생긴 것임이 틀림 없다.

  우준이는 자신이 좋아하는 캐릭터 지우개가 없어졌음을 급식 시간이 되어서야 깨달았다. 지우개를 잃어버려서 입맛도 잃어버린 것이다.

  "우준아. 많이 속상하지? 다시 찾을 수 있으면 좋겠지만, 혹시 못 찾더라도 너무 속상하지 않았으면 좋겠어. 그래도 우리 밥은 먹는 게 어때? 선생님도 너무 배가 고픈데 말이지……"

"선생님. 저 정말 밥 못 먹겠어요. 죄송해요."

"그래도 밥은 먹어야지. 부모님께서도 우준이가 점심을 굶었다는 것을 알면 몹시 걱정하실 거야. 앞으로도 잃어버리는 물건이 종종 생길 거야. 선생님도 자주 잃어버렸거든. 그래도 우준이가 훌훌 털어야 지우개도 주인과 잘 헤어질 수 있지 않을까? 아마 지우개는 다른 주인 만나서 또 잘 살고 있을지도 몰라. (선생님인 나도 무슨 말을 하고 있는 건지 모르겠다.) 무엇보다 선생님을 기다리는 다른 친구들이 급식실에 있고, 친구들도 우준이가 같이 급식을 먹길 기다려."

혹시 내가 건넨 위로가 위로가 안 되고 우준이를 더 슬프게 할까 봐 조심히 눈치를 살피며 말을 건넨다. 하지만, 결국엔 급식을 안 먹겠다고 끝까지 고집을 부려 나도 그날 급식은 먹지 못했다. 아침을 굶은 나는 허기진 배를 부여잡고 남은 수업을 겨우 끝냈다.

다음 날 나는 우준이를 다시 불러 속상한 일이 생길 때 대처하는 방법에 대해 알려주고, 선생님께 하고 싶은 말이 있는지 물어보았다. 우준이는 죄송하다는 말을 진심으로 건넸다. 굳이 사과를 들을 목적은 아니었지만, 다시는 급식을 못 먹는 일이 생기지 않겠구나 하는 안도감이 들었다.

방학 중에 제일 그리운 게 뭐냐고 묻는다면 단연코 급식이다.

'너희라고 말하지 못해 미안해 얘들아. 원래 부모 마음이 그래. 원래도 예쁘지만 자면 더 예쁘거든. 그거랑 비슷한 그런 마음이야.' (ㅎㅎ)

나중에 퇴직하고 나서 제일 그리울 것이 아마도 5대 영양소가 풍부한 급식일 것만 같다. 늘 급식을 먹을 때마다 나도 회사원들처럼 여유 있고 조용하게 점심 특선 먹고, 테이크 아웃 커피 한 잔 사 들고 교실로 돌아오고 싶은 생각을 자주 하지만 말이다.

극한 직업 1학년 교사

　EBS《극한 직업》이라는 TV 프로그램에 초등학교 1학년 교사가 나온 적이 있다. 입학식에서부터 급식 시간, 하교 시간까지 쉴 틈 없이 분주하게 움직이는 선생님은 아니나 다를까 충분히 '극한 직업'처럼 보였다.

　TV를 본 후 1학년은 절대 맡지 않겠다고 고개를 절레절레 흔들었다. 한 번도 1학년을 맡아보지 않은 나에게는 몹시도 부담스럽고 두려운 미지의 세계나 다름없었다. 보통 선생님들은 4년에 한 번씩 새로운 학교로 전근을 가게 되는데, 학교마다 사정은 다르겠지만 새로 부임하는 해부터 원하는 학년을 맡기는 어렵다. 다 그런 것은 아니지만, 기존 선생님을 배려하는 문화가 있다 보니, 전입 교사의 희망서는 말 그대로 희망일 뿐이다. 앞의 선생님들이 선택하고 남은 학년과 업무를 가져간다고 보면 된다.

그리고 선생님에게는 아이를 가르치는 일 말고, '업무'라는 게 있다. 방송 담당, 체육 담당, 도서관 담당, 문화 예술 운영 등으로 아이를 가르치는 일 외에 1년 동안 학교가 잘 운영되도록 하는 일이다. 눈에 잘 띄지는 않지만 누군가는 반드시 해야 하는 일이다. 예를 들어, 체육(운동회) 담당은 운동회를 개최하기 위해 많은 일을 한다. 운동회 학년 협의, 이를 토대로 운동회 계획서 기안, 예산 편성과 집행, 장비 세팅과 점검, 행사 후 정리 및 결과 기안 등이다.

이처럼 학년 담당과 업무 담당이 학년 초에 정해진다.

학년과 업무를 발표하던 2월의 어느 날, 나는 그만 몸이 얼어붙고 말았다. 순간 학교에 다녀야 하나 휴직을 해야 하나 고민마저도 들었다. 발표 종이에는 내 이름 옆에 '1학년'과 '돌봄' 업무가 나란히 적혀있었다. 나는 15년 만에 처음으로 1학년을 맡게 되었다. 《극한 직업》을 본 후 정확히 1년 뒤, 새로운 학교에서 1학년 담임을 하게 된 것이었다.

3월 첫날 1학년 아이들을 만나면 어떻게 해야 하나 그날로

1학년 지도 방법에 대한 책과 정보를 찾아 나섰다. 하지만 그 아이들을 한참 후에나 보게 되었는데, 코로나 때문이었다.

잠시면 끝날 줄 알았던 코로나는 학교의 행정과 모든 시스템을 흔들었다. 학교는 처음으로 온라인과 오프라인 수업을 병행했고, 학년이 끝날 때까지 아이들을 매일 만나지 못해 생활 지도도 제대로 할 수 없었다.

아무튼, 내 기억 속의 1학년은 내가 생각했던 것보다는 뭐랄까? 음... 이어지는 문장은 이글 맨 끝에 밝히겠다.

장학 수업으로 교감 선생님의 방문이 있던 국어 시간. 50쪽을 펴라는 나의 말에 갑자기 하준이가 몹시 당황한 표정으로 벌떡 일어나서 두 팔을 자동차의 와이퍼처럼 흔들고 두 발을 동동 구르며 큰 소리로 말했다.

"선생님! 50페이지가 사라졌어요!"

"사... 사라져?"

교과서의 50쪽이 어디로 사라졌을까 생각하며 얼른 옆으로 가서 "짠! 여깄지!"하고 펴주었다.

49쪽과 52쪽을 한꺼번에 넘기며 50쪽을 찾지 못한 하준이는 새로운 보물을 발견한 듯 손뼉을 여러 번 치며 기쁨을 감추지 못했다.

당황하지 않은 척 미소를 보내며 수업을 진행하려는데, 이번에는 다은이가 저 멀리서 달려왔다.

'어...어... 그냥 앉아서 말해도 되는데...'라는 생각을 할 틈도 없이 대뜸 머리와 머리핀을 내밀고 "선생님. 머리핀이 빠졌어요."라고 한다.

머리를 묶어주며 역시 당황하지 않은 척 웃음을 잃지 않으며 "그래. 다 됐어. 들어가서 앉자."라고 말을 하고 나서야 진짜 수업이 시작됐다.

그날 수업은 종이접기였는데 조금 어려웠는지 이곳저곳에서 나를 부르는 통에 혼이 다 나가버릴 지경이었다. 그럼에도 내 작품을 만든다 생각하고 아이들의 25개의 작품을 즐거운 마음으로 만져주었다.

아이들은 마치 본인이 처음부터 다 만든 것인 양 뿌듯한 표정을 지었다. '그래, 가까이에서 선생님이 만든 걸 보는 것도 공부지, 맞지.' 아이들의 자신감 상승에 일조했다는 교육적인 안도감을 느끼고 무사히 수업을 끝냈다.

복도에서 수업을 흘깃 바라보시던 교감 선생님과 눈이 마주쳤다. '오늘도 애쓰고 계시는군요.'라는 마음의 소리가 들리는 듯했다. 조금 위로가 되었다.

1학년과 고학년 아이들의 생활 지도는 많은 부분에서 차이가 난다. 이를테면 고학년은 친구들 사이의 따돌림이나 눈에 보이지 않는 기싸움 등으로 인한 상담이 많다. 반면 1학년 아이들은 "누가 어떻게 했어요." 하는 이르기가 많다. 하지만 "그렇게 하면 안 돼요." 혹은 "사과해야지."라고 하면 곧잘 사과하고 금세 사이좋게 잘 지낸다. 대신 정말 생각지 못한 이벤트가 발생할 때가 있다.

　한번은 공부 시간에 화장실을 다녀오고 싶다는 아이가 있어 다녀오라고 했더니 "화장실에 다녀오세요."라는 말만 들은 반 전체 아이들이 우르르 갑자기 일어나 떼로 나가버린 일이 있었다.

　"애들아. 너희 어디 가니?"

　"화장실 다녀오라면서요."

　"아니... 이 친구만. 다른 친구들은 아까 다녀왔잖아."

　그제야 아이들은 다시 자리에 돌아가 앉았다. 이처럼 엉뚱한 친구들이 바로 1학년이다.

　지은이는 수학 시간 누구보다도 빨리 문제를 푸는 아이다. "벌써 다 풀었어?", "네. 선생님. 너무 쉬워요. 전 벌써 4학년 수학을 하고 있거든요."

동화책 『고구마구마』라는 책에는 '불타는구마'처럼 다양한 구마가 나오는데, 이 책을 읽어주고 친구의 특징에 어울리는 구마를 만들어보는 수업을 하는 중이었다. 다른 친구들은 모두 그림책에 푹 빠져 저마다 친구의 특성에 어울리는 고구마를 만드느라 정신이 없는데, 지은이는 아무것도 그리지 못하고 "전 하나도 못하겠어요."라는 말만 했다.

지은이는 수학에는 강한 자신감을 보였지만, 어떤 주제를 주고 그림을 그리거나 글을 쓰라고 하면 한 줄도 그리지 못하거나 쓰지를 못했다.

그러던 어느 날 밖에서 선생님을 부르는 큰 소리가 들렸는데, 정확히 말하자면 울부짖는 소리였다. 한 번도 들어보지 못한 거대한 울음소리를 따라 달려가 보니 그곳에는 지은이가 화장실 문을 걸어 잠그고 울고 있었다.

"지은아. 무슨 일이야? 문 좀 열어봐."

"서...선...생...님... 엉엉... 화장지가 없...어...서... 밖에 나갈... 수가 없어요... 엉엉..."

"아. 큰일 봤구나. 그래서 놀랐구나."

"아니요. 오줌... 쌌는데 화장지가 없어요......"

큰일이 아닌 작은 일에 화장지가 없다고 학교가 떠나갈 정도로 울면서 선생님을 찾았다는 사실이 솔직히 당황스럽지만, 1학년이기에 그럴 수 있다.

그 사건이 있은 뒤, 지은이가 자신의 생각을 그림과 글쓰기로 표현하는 걸 어려워하는 이유를 조금은 알 것 같았다.

지은이는 수학처럼 정확하고 완벽한 답을 적을 수 있는 상황에서 마음이 놓이는 아이였다. 이후 지은이에게 마음 편하게 모든 활동에 즐겁게 참여할 수 있도록 완벽하지 않아도 괜찮다고 자주 이야기해 주었다. 그리고 수학처럼 정확한 답은 없지만, 네가 하는 모든 그림과 글이 다 정답이라고 말해주었다. 아마 지은이는 학년이 올라갈수록 좀 더 무던해질 것이라 믿는다.

1학년이라고 어리게만 보았는데, 아이들이 보여준 책임감과 능력에 놀랄 때도 많았다. 숙제는 숙제함에 넣으라고 했더니, 아침에 오자마자 모두 숙제함에 넣어놓아 나를 깜짝 놀라게 한 적도 있다. 그리고 노래는 또 어찌나 한 명도 빠짐없이 기가 막히게 잘 부르는지, 6학년 형 누나 언니 오빠보다도 잘한다고, 최고라고 연신 칭찬했던 기억도 난다.

코로나로 많은 추억을 쌓지 못해, 특별히 기억에 남는 1학년의 추억은 여기까지지만, 생각보다 1학년은 독특하고 무엇보다 귀엽고 신기한 미지의 세계를 탐험하는 짜릿함을 선물해 준다. 하지만 이 경험은 딱 한 번으로 충분하다는 얌체 같은 생각을 해본다.

이 자리를 빌려, 타 학년을 맡을 동안 줄곧 1학년을 맡아주신 선생님들께 감사의 말씀을 전하고 싶다.

"그동안 잘 가르쳐서 올려보낸, 1학년 선생님들 정말 존경스럽습니다."

그리고 나와 함께 좌충우돌 한 해를 보낸 나의 1학년 아이들에게도 말해주고 싶다.

"얘들아, 너희들도 크느라 참 많이 애썼다!"

선생님은 신경 끄세요!

 초등학교 수업은 담임 수업과 전담 수업으로 이루어진다. 담임 수업은 담임교사가, 전담 수업은 전담교사가 한다.

 대게 전담 수업은 체육이나 과학, 영어, 음악 등이다. 전담교사라고 해서 담임교사와 다른 루트로 교사가 된 것은 아니고, 다 같이 교대를 졸업한 선생님이다. 보통은 새 학기가 시작되기 전에 담임교사를 할지 전담교사를 할지를 결정한다.

 통상 선생님들은 생활 지도의 어려움으로 담임의 역할에 지칠 무렵 즈음 전담을 희망한다. 물론 희망한다고 해서 다 되는 것은 아니다. 필요한 전담의 수는 많지 않기 때문에 희망하는 선생님들끼리 치열한 싸움(?)이 있다.

전담은 담임처럼 한 반만 지도하지 않고 여러 반을 들어가 한두 과목을 가르친다. 아이들 지도를 빼고 한두 과목에 집중해서 수업을 하기 때문에 좀 더 여유롭게 더 열심히 수업 준비를 할 수 있다. 수업 퀄리티를 높일 수 있으며, 아이들도 더 많은 것을 배우고 경험할 수 있다.

하지만 담임 선생님의 수업이 아니기 때문에 아이들에 따라 수업 태도가 약간 흐트러지기도 한다. 실제로 담임교사가 아니라 전담교사로 아이들을 만났을 때 나에게 예의를 지키지 않는다는 느낌을 더 많이 받았다.

아이들과 끈끈한 유대감도 약하다 보니 수업 중 문제 행동을 일으키는 아이에 대해 적극적인 교정도 어렵다. 한마디로 아이들을 대하기가 조금 더 조심스러워진다. 18년 교직 생활 중 6~7번 정도 전담을 해보았는데, 개인적인 경험으로는 그랬다.

선생님들 사이에서 FM이라고 불리던 아이가 있었다. 아이 이름은 민재. 민재는 학교에서 친구들에게 욕을 아주 거침없이 했다. 선생님이 보든 말든 상관없이 말이다.

수업 시간에는 언제나 "하기 싫어요. 왜 해요."를 입에 달고 살았고, 덕분에 늘 수업 분위기를 가라앉게 하는 아이였다.

자신이 해야 할 일에 대해 뭐가 그리 마음에 들지 않는지 늘 화를 내고 짜증을 냈으며, 의자에는 눕듯이 앉아 있기가 일쑤였다. 바르게 앉으라는 똑같은 말을 언제까지 반복해야 할지 고민이 들 정도였다. 물론 풀어야 할 학습지도 절대 하지 않았다.

그런데 민재 담임선생님께 전해 듣기로 엄마는 아이가 FM이며 집에서는 자기 양말까지 빨아 신는 착한 아들이라며, 학교에서의 모습을 전혀 인정할 수가 없다고 했다. 학부모와 함께 아이의 문제를 해결할 수 없기에 민재의 태도는 더욱더 심각해지는 것 같았다.

어느 날 음악 수업 시간(음악 과목을 전담할 때였다), 점점 더 심해지는 수업 방해를 더는 견디지 못하고 엄격한 표정으로 "민재야. 이제 그만 장난치자. 집중하자."라고 했더니, 나에게 신발 비슷한 욕을 중얼거리는 게 보였다. 그리고 그 욕을 책상 위에도 썼다.

굳이 안 듣고 안 보고 싶었는데, 이걸 또 나에게 일러바치는 옆 짝꿍. 수업을 멈추고 화를 낼까 고민을 하다가 다른 친구들이 보는 앞에서 자극을 줘봤자 전혀 개선 효과가 없다는 것을 경험상 알고 있어(다른 친구들 학습권도 존중해 줘야 하기에) 민재에게 끝나고 남으라고만 말하고 수업을 지속했다.

수업이 끝난 후 다른 아이들은 모두 교실로 돌아가고, 민재와 나, 이렇게 둘만 음악실에 남았다.

"민재야. 왜 남아 있는지 알아?"

"……. 네. 욕을 해서요."

"선생님은 네가 욕을 하고, 또 그걸 책상에 써서 너무 속상했어. 그거 지워줄 수 있니?"

뜻밖에도 수업에서의 거친 모습은 온데간데없었다. 아마 더 크게 혼날 줄 알았는데 선생님이 실성한 사람 마냥 미소를 지으며 욕을 지워주길 부탁해서 놀란 것 같았다.

그 이후로 민재는 엄청나게 바른 모습으로 수업에 임하지는 않았지만, 내 눈치를 살피며 조금은 참여하는 모습을 보였다.

물론 내가 성인군자도 아니고 아이들로부터 욕을 들으면 화가 나는 건 당연하다. 더군다나 다른 아이들도 있는 데서 그러면 말이다. 그렇다고 똑같이 냅다 욕을 할 수는 없다. 화를 더 심하게 낸 들 충분한 유대감이 없는 관계에서는 더 큰 반항심만 불러온다. 이럴 땐 그저 묵묵히 참고 교사로서 할 수 있는 일만 생각해야 한다.

그렇게 민재와 헤어지고 7년 후 또 다른 강적을 만났다. 학습지 풀이 시간. 주형이는 뒤를 돌아보며 학습지 푸는 친구를 방해했다.

"그러지 말고 앞을 보고 너의 학습지에 집중하자."라고 말했지만 주형이는 나에게 약 올리는 듯한 말투로 이렇게 말했다.

"싫어요. 방해하는 것 아닌데요."

갑자기 날아온 막말 펀치에 슬슬 얼굴이 뜨거워지는 것을 느꼈다. '당황하지 말자.'를 되뇌며 다시 부드럽게 "아니야. 방해하는 게 맞아. 앞을 보고 학습지 하자."

하지만 또다시 아이는 말대꾸를 했다.

"싫어요. 방해하는 것 아니라니까요."

뒤에 앉은 친구에게 방해되는 게 맞냐고 물어보았다. 뒤 친구는 방해하는 것 맞다고 말했다.

"거봐. 방해하는 것 맞잖아. 앞에 보자. 그리고 예의 있게 말해야 해."

다소 심각한 표정으로 할 말만 깔끔하게 마치고 다시 내 자리로 가는데, 그 사이 주형이의 짝꿍이 주형이에게 집중하라고 말하자 욕을 했나 보다.

"선생님. 주형이가 욕했어요."

주형이의 짝꿍은 속상한 표정으로 나에게 말했다. 나는 주형이에게 다시 가서 욕한 것이 맞는지 물어보고, 욕을 했다면 사과를 해야 한다고 말했다. 하지만 주형이의 대답은 "선생님은 신경 끄세요. 제가 알아서 할게요!"

주형이는 아까 '싫어요'보다 한 걸음 더 나아간 강렬한 말투와 세기로 나에게 마지막 펀치를 날렸다.

나는 마음을 진정시키고 주형이를 따로 불러내어 이야기를 했다. 예의 바르게 행동하지 않는 부분과 수업 시간 친구에게 피해를 준 부분에 대해 설명하고 반성의 대화를 시도해 보았다. 하지만 아이는 전혀 그럴 기미가 없어 보였다.

이쯤 되면 정말 강적이다. 사실 그동안 아이의 문제 행동은 끊임없이 지속되고 있었다. 언제나 말꼬리를 잡고 예의 없이 굴기가 일쑤였다. 몇 번 달래도 보고 단호하게 말도 해보았지만 소용이 없었다. 나는 수업을 계속 이어나가지 못하겠다는 위기감을 몇 번이나 강하게 느꼈고, 그러한 내용을 따로 메모해 두기도 했다.

결국 담임선생님, 교감 선생님과의 논의 끝에 별도의 상담 시간을 마련했다. 교감 선생님과 함께 있는 곳에서 나는 그동안의 일을 조목조목 설명하며 어떤 부분을 주형이가 고쳐야 하는지를 설명했다.

"근데 선생님은 제가 한 행동들 다 적어놔요?"

아이는 뭔가 분위기가 다르다는 것을 직감하는 것 같았다.

본인이 한 행동을 정작 본인은 잊어버리는 모양이었다.

어떻게 어떻게, 얘기를 잘 끝내고, 다음날 다시 주형이네 반 수업이 있었다. 사실 나는 상담 이후 아이에게 어떻게 대해야 하나를 두고 엄청 고민이 많았다.

주형이에게 해야 할 말을 미리 생각해두고 긴장감을 갖고서 수업에 들어갔다. 정확히 말하자면 스트레스를 안고서 말이다. 그런데 갑자기 주형이가 수업에 참여하기 시작했다. 그리고 학습지도 풀려고 했다.

'그동안 나에게 했던 건 뭐지?'

아마 주형이는 내가 전담 선생님이고 자신에 대해서 잘 알지 못하기 때문에, 함부로 해도 된다고 생각했던 것 같았다. 하지만 내가 적은 수업 일지에서 전담 선생님이지만 자신에게 관심이 많다는 사실을 안 주형이는 정말 180도 다른 모습을 보였다. 자신이 한 잘못된 행동을 부모님이 보시면 큰일 나겠다 싶었는지 겁을 먹어 정신을 차린 건지, 정확히는 모르겠지만 말이다.

'너 역시 관심이 필요했구나.'

내 마음대로 좋은 쪽으로 해석하고 이전의 일은 다 잊기로 했다. 수업에 참여하려는 자세를 칭찬해 주고 열심히 하고자 한다면 난 언제든 도와줄 거라고 말해주었다.

아이가 책임감 있는 어른으로 자라도록 어떤 방법을 선택해야 할지는 항상 어렵다. 주형이나 민재도 결국은 사람에 대한 적대감보다는 어른을 향한 관심과 사랑의 갈구로 반항한다. 그 마음을 알기에 때로는 예의 없이 굴고 상처 주는 행동도 하지만, 이해하려고 애쓴다. 몸에 사리가 나올 것 같아도 지금의 내 기분보다는 나의 행동과 말이 아이 지도에 도움이 될 만한 것인지부터 생각한다. 그래서 교사는 아니, 어른은 힘들다.

상처받는 내 영혼도 달래야 하고, 가르치는 것도 해야 한다. 예의 없이 굴 때는 똑같이 크게 소리라도 지르고 싶은데 그러질 못한다. 그래서 누군가의 인생에 참전하는 교사라는 일이 가끔은 버거울 때가 있다.

이 수업해? 말아?

한 해 동안 뜻이 맞는 선생님들을 같은 학년 담임이나 전담으로 만나게 되면, 재미있는 학교 운영을 경험할 수 있다. 함께 고민하고 아이디어를 내다 보면, 든든한 동료애도 느끼고 가르치는 일에 대한 보람도 커진다. 여기에 훌륭한 선생님들의 창의적인 아이디어까지 보태지면, 교육적으로도 의미 있는 결과물이 나온다.

아이들과의 활동을 고민하는 선생님을 만나면 괜한 일 벌이지 말자는 마음은 자연스레 사라지고, 나 역시 아이들의 추억 쌓기에 동참하게 된다. 하지만 좋은 마음으로 시작한 수업 활동이 뜻하지 않은 문제로 이어질 때는 정말 난감하다.

'어떻게 하면 우리 4학년 아이들을 재미나게 해줄까?'

'어떤 행복한 이벤트로 평생 기억에 남을 추억을 만들어줄까?'

10월의 어느 날, 내가 속한 4학년은 진로 연계 활동으로 창업 활동을 선정하고 〈어린이 CEO〉를 열었다. 반마다 4개 정도의 창업 부스를 운영하며, 1부는 직접 사장님이 되어 부스를 운영하고, 2부에서는 다른 반이 연 창업 부스를 체험하는 활동이었다.

먼저 아이들이 직접 창업 계획서를 작성한다. 아이들은 모두 이마를 맞대고 그 시절 유행하는 것들을 생각해 본 뒤, 운영할만하다고 여겨지는 것을 고른다. 각자 해야 할 역할, 필요한 재료 등을 스스로 계획하고 도덕적인 기업 운영을 할 것을 맹세하며, 어른들 세상을 살짝 맛보는 경험을 해본다. 활동을 기획하는 것은 선생님이지만, 실제 활동에 관한 아이디어는 오로지 아이들의 협동 과정에서만 나오는 것이기에 그 모습을 지켜보는 것만으로도 매우 뿌듯하다.

우리 반이 기획한 부스는 '인스숍'('인스'는 인쇄 스티커의 줄임말로 나만의 스티커 만들기 활동을 해보는 가게), '해피 핼로윈 분장'(손, 볼, 이마에 분장을 해주는 가게), '한!상!난!퀴즈'(한국사, 상식, 난센스 퀴즈 하나를 골라 퀴즈 맞추기 활동을 하면 상품을 주는 가게), '핼러윈 포토샵'(핼러윈 복장, 가면, 모자를 착용하고 사진 찍어 주는 가게)이었다.

열심히 준비하는 아이들이 너무 기특해, 다른 반 선생님과 같이 특별한 이벤트를 기획했다. 바로 팝콘을 직접 튀겨 간식으로 나눠주는 일이었다. R 선생님이 지인에게서 팝콘 튀길 수 있는 기계를 빌릴 수 있다고 했다.

행사 당일, 나와 다른 선생님은 아이들이 마치 진짜 사장님이라도 된 것처럼 손님을 모으는 모습을 지켜보았다. 아이들은 누구라도 할 것 없이 열정적으로 소리를 지르고, 손님을 끌어모으고, 각자의 부스 앞에서 분주히 움직였다. 어떤 아이는 상큼한 미소로 손님을 맞이하며 준비한 상품을 설명하고, 또 다른 아이는 준비한 포스터를 양손으로 잡아 펄럭이며 지나가는 친구들을 호객했다.

모든 아이가 자기가 맡은 역할에 최선을 다하는 모습에 나도 흥분되었다. 그 모습을 보며 얼른 아이들에게 팝콘을 나눠줘야겠다는 생각이 들었다.

팝콘 기계가 돌아가기 시작하고, 행사를 마무리한 아이들은 고소한 냄새를 맡으며 하나둘씩 팝콘 기계 앞으로 모여들었다. 나와 선생님들은 신나게 아이들에게 팝콘을 나눠줬다. 그런데 우리 반 아이의 입에서 "빠지직" 하는 큰 소리가 들리는 것이 아닌가. 너무 맛있어 봉지째 입안으로 팝콘을 털었던 아이는 하필이면 제대로 튀겨지지 않은 옥수수 알맹이를 씹고는 이가 부러져버렸다.

아이의 놀란 두 눈만큼이나 내 마음도 철렁 내려앉았다. 제발 간니가 아니라 젖니이기만을 간절히 바랐다. 학부모님께는 뭐라고 말해야 할지, 안절부절못하며 전화를 걸었다. 천만다행으로 학부모님은 젖니라고 얘기해 주었다. 두 배만큼 부어있던 심장은 다시 제자리로 돌아왔다. 그제야 괜히 이 수업을 하자고 했나 후회가 밀려왔다.

좋은 취지로 시작했지만 예상치 못한 문제가 발생한 일은 이것 말고도 몇 번 더 있었다. 매년 나는 아이들의 생일파티를 열어준다. 평소에는 스스로 먹고 싶은 간식을 준비해오도록 아이들에게 시키는데, 가끔은 내가 직접 초코파이와 음료수를 준비하기도 한다.

그동안 늘 즐겁게 생일 파티를 했고 이날도 무슨 일이야 있을까 싶었는데, 한 아이가 초코파이를 너무 급하게 먹다가 체해버리고 말았다. 아이는 먹은 걸 다 토해버리고 옷 등이 엉망이 돼버렸다. 괜히 생일파티는 해서, 아이가 아프게 된 건 아닌지 자책이 밀려왔다.

또 다른 사건도 있다. 늘 무리 지어 같이 노는 친구끼리만 친해지는 대신, 취미가 같은 친구들끼리 모여 점심시간을 알차고 즐겁게 보내도록, 일주일에 한 번 활동하는 학급 동아리를 만들었다. 각자 좋아하는 일을 하면서 즐겁게 시간을 보낼 거로 생각했는데, 예상과 달리 사소한 문제로 다투는 일이 자주 발생했다. 물론 문제를 해결하는 과정도 의미가 있지만, 더 재미있으라고 한 것이 왜곡된 듯해서 마찬가지로 괜히 시작했나 후회가 들었다.

이러한 일들을 겪다 보면 무슨 활동을 시작할 때마다 고민에 빠진다. '이 수업, 해도 될까?'라는 질문이 머릿속을 떠나지 않는다. 하지만 한편으로는 우여곡절 속에서도 성장하고 배우는 아이들의 모습을 보며, 문제를 두려워하기보다는 해결하고 정리하는 과정에서 얻는 지혜의 중요성도 깨닫는다.

물론 이렇게 내가 계속 수업을 할 수 있었던 것에는 학부모의 이해가 큰 몫을 차지한다. 학교에서 벌이는 행사나 활동의 의도를 잘 이해해 주기 때문에 더 큰 자신감을 가지고 다양한 시도를 해볼 수 있다.

아이들에게 기억에 남을 추억이 되는 것은 완벽하게 계획대로 됐기 때문이 아니라, 함께 웃고 울며 배우는 과정 그 자체 때문이다. 팝콘이 제대로 튀겨지지 않아도, 생일파티에서 누군가가 체해도, 동아리 활동을 하다 다툼이 일어나도 아이들에게는 소중한 배움의 기회다. 그걸 알기에 오늘도 계속해서 새로운 활동을 찾아 나선다.

의견 다툼과 뜻하지 않는 사건 속에서 아이들은 서로 이해하고 함께 해결책을 찾아가며 타협하는 법을 배운다. 성장의 순간이다. 나 역시 아이들 모습을 지켜보면서 교사로서 진정한 보람을 느낀다. 다음에는 더 나은 계획과 준비로 아이들에게 또 다른 추억을 선물해 줄 수 있기를 다짐하며 새로운 도전을 시작한다.

이 수업, 해도 될까? 고민한다면, 실패해도 상심이 크지 않을 거라면, 해도 된다고 말하고 싶다. 아이들의 웃음과 함께라면 어떤 어려움도 헤쳐나갈 수 있다. 우리는 함께 성장할 것이며 함께 웃고, 함께 배우며, 평생 기억에 남을 추억을 만들 것이다.

발길질을 당하다

신입 교사 발령 이후, 5년 내내 고학년 담임만 하다가 드디어 귀여운 3학년 담임을 맡게 되었다. 3학년은 대다수 선생님이 좋아하는 학년이다. 그때 나는 결혼 전으로 저학년 아이들이 더 어렵게 느껴졌던 터라 원하던 학년은 아니었다.

내가 3학년 담임을 맡게 된 이유는 따로 있었다. 바로 전 해에 영어 파견 연수를 신청하였는데, 그게 운 좋게 선정된 것이었다. 그래서 2학기에 나를 대신할 기간제 선생님을 구해야 하는데, 학교 측에서는 나를 배려한다고 선생님을 구하기 쉬운 인기 학년인 3학년 담임을 준 것이었다.

고학년인 5, 6학년만 5년 내내 맡았던 터라 아이들이 보기에는 내가 꽤 엄격해 보였던 것 같다. 나는 전혀 무섭게 대하지 않았고 친절하다고 스스로 자부하는데, 내가 굉장히 마음속으로 귀여워하던 아이가 "선생님은 저 미워하시잖아요."하며 우는 일이 생기는 바람에 당황스러웠던 적도 있다.

아이들은 고학년 스타일인 나에게 적응해야 했고, 나도 막 2학년에서 3학년으로 올라온 꼬물거리는 아이들에게 적응하느라 애를 먹었다. 하지만 솔직히 지금보다 그때가 훨씬 엄격했음을 부정할 수는 없다.

반면 우리 옆 반의 K 선생님은 너무 착해 보여, 아이들이 선생님을 만만하게 느끼는 것처럼 보였다. 특히 그 반에 '대학생'이라 불리는 현수가 있었는데, 수업을 들어오고 싶으면 들어오고, 아니면 마음대로 나가 운동장을 배회하는 아이였다. 현수가 담임 선생님께 심하게 대들기도 하고 버릇없이 굴 때가 많아, '언젠가 저 녀석 정신 차리게 혼을 한 번 내줘야지.'라는 생각을 했던 적이 한두 번이 아니었다. 그리고 그 아이를 그냥 두는 K 선생님도 이해가 되지 않았다. 물론 이런 생각은 내가 너무 어렸던 20대였기에 할 수 있었다.

어느 날, K 선생님과 내가 복도에서 대화하고 있을 때였다. 현수가 K 선생님(담임)에게 와서는 수업을 듣지 않겠다며 나가려 했다. 이에 K 선생님이 수업은 꼭 들어야 한다고 단호하게 말하자, 현수는 욕을 하고 대들었다. 한마디로 아주 버릇없이 굴었다. 옆에서 보는 내가 너무 화가 난 나머지, 중간에 끼어들고 말았다.

"너 지금 담임선생님께 뭐 하는 거야? 선생님 따라와!"
"싫은데요?"

오지 않겠다며 노려보는 현수의 모습에 화가 난 나는 현수의 팔을 잡고 따라오라며 끌었다. 이에 현수는 나에게 발길질을 하기 시작했다. 모두가 다 보는 복도에서 말이다. 누가 이기나 흥미진진한 얼굴로 구경하는 3학년 아이들을 보니, 내 얼굴이 더 붉으락푸르락 해지고 있었다. 이대로 현수를 놓으면 망신은 물론이고 교사로서의 체면도 서지 않을 것 같았다. 그리고 현수는 더욱 마음대로 행동할 것만 같았다.

기어코 현수의 손목을 잡아끌었고, 아이는 끌려가지 않으려고 필사의 발길질을 했다. 같이 발길질할 수는 없는 노릇이니 고스란히 아이의 악다구니를 맞으며 복도에서 벗어날 수 있었다. 그러고 나서는 한참 동안 아무 말도 하지 않았다. 내가 입을 여는 순간 더 화를 낼 것이 분명해 보여, 나름 화를 삭이고 있었다. 그리고 현수의 반응도 예상이 되질 않았다. 그렇게 서로 잠시 숨을 고르고 있었다. 이윽고 내가 먼저 한마디

꺼냈다.

"현수야. 선생님 아프다."

현수도 나름 나와 한바탕하고 나서 진정이 되었는지, 포기하지 않고 자신을 끌고 가는 선생님에게 결국 항복을 한 것인지, 나를 쩨려보던 눈빛이 조금 진정되는 것 같았다. 차분히 대화를 이어 나갔다. 그리고 담임선생님에게 예의 없이 행동한 부분은 꼭 사과하기로 약속하고, 나에게 한 발길질에 대해서도 사과를 받았다. 그리고 나도 무리하게 데리고 간 것에 대해 현수에게 이해를 구했다.

나중에 안 사실이지만 현수는 아버지와 단둘이 살고 있었고 아버지가 조폭이라고 했다. 아이는 해맑게 "우리 아빠 조폭이에요 진짜예요."라고 나에게 몇 번 말한 적이 있는데, 그때는 정말 살짝 쫄기도 했다. 아무튼 아이는 자주 방치되었고, K 선생님도 현수의 아버지와 더는 상담을 이어갈 수가 없다고 하셨다. 현수는 엄마를 그리워했고, K 선생님은 그 마음을 알기에 될 수 있으면 따뜻하게 대해주려고 했다. 나는 그런 상황도 모르고 오지랖을 부린 셈이었다.

이름도 참 사랑스러우셨던 K 선생님. 그분도 현수를 감싸기만 했을까. 혼도 내보고 이런저런 방법을 써보았지만 따스하게 대해주는 것이 현수를 변화시키는데 가장 최선이라 생각했을 터였다. 아무것도 모르는 나는 혼자서 강한 척 굴었으니 지금 생각해도 참 창피하다. 그리고 그 정도의 아량밖에 보이지 못하고 마냥 다그치려고 했으니, 현수에게도 미안함을 고백하고 싶다. 더불어 현수뿐만이 아니라 내가 만났던 다른 아이들에게도 나의 모자람으로 혹시 상처 준 일이 있다면 미안하다고 꼭 말하고 싶다.

 좋은 수업을 하는 것도 중요하지만, 무엇보다도 아이의 사정과 상황을 아는 게 먼저다. 도무지 이해되지 않는 행동을 하더라도 아이의 사정을 알고 나면 다른 시각으로 아이를 볼 수 있다. 표면에 드러나는 행동의 잘잘못만 따진다면 과연 아이가 변할 수 있을까. 행동이 바뀌려면 마음이 동해야 하는 법이다. 아무리 바른 행동을 알려 준다 한들 아이 스스로 바뀌고자 하는 마음이 없다면 아무 소용이 없다.
 담임으로 만난 아이들이라면 더더욱 내 학생이기에 다른 사람은 몰라주어도 나는 아이가 처한 상황을 이해하고 더 깊게 사정을 들어주어야 한다. 사랑을 충분히 받지 못해 더 엇나가는 아이들이라면 더 채워주어야 한다. 부족한 내가 더 노력해야 할 부분이다.

분노 조절 대작전

"민규가 우리 반이라고요?"

 믿을 수가 없다. 정확히 말하자면 믿고 싶지 않다. '왜! 왜! 왜! 그 아이가 우리 반에 배정된 걸까?' 그 아이를 뽑은 내 손을 원망했다. 민규는 5학년 중에서 가장 힘들기로 소문난 아이였다. 분노 조절이 안 되어 책상도 던지고 의자도 던진 적이 여러 번 있는 아이였다.

 만나보기 전부터 겁을 먹지 말아야겠다고 다짐했지만, 개학 전날까지도 자다가 벌떡 일어날 정도로 심란하고 불안했다. 여러 명의 아이가 생활하는 공간에서 예기치 않는 일이 자주 발생하고, 통제할 수 없는 상황이 많은 교직 생활이 한

창 버거울 때였다.

'만나 보지도 않고 지레짐작하여 미리 걱정하고, 아이를 판단하는 것은 옳지 않지. 단단히 마음을 먹자.' 그렇게 스스로에게 용기를 주고 민규와 만났다. 개학하고 얼마 동안은 생각했던 것보다 잠잠했다. 괜히 걱정했구나, 하는 마음마저도 들었다. 하지만 한 달이 채 되기 전에 일이 시작됐다.

"꽉!" 갑자기 수학 시간 민규가 일어나서 짝꿍 소희의 책상을 발로 찼다. 소희는 몹시 당황한 표정이었고 민규는 씩씩대고 있었다. 책상을 한 번 더 발로 찰 기세를 보여, 깜짝 놀라 그만하라고 민규를 말린 뒤 복도로 데리고 나왔다.

"민규야, 친구 책상을 왜 발로 찼니?"

"소희가 자꾸 수학책 20쪽을 펴라고 하잖아요. 알아서 할 텐데 세 번이나 말해서 짜증이 났어요."

민규가 수업 준비가 되어 있지 않자, 도움을 주려던 소희에게 세 번이나 같은 말을 했다는 이유로 발로 책상을 차다니. 기가 막혔다. '이제 시작이구나.'라는 생각이 들었다.

일단 민규에게 짜증이 난다고 물리적인 힘을 행사한 것은 잘못된 것임을 알려준 뒤, 친구가 도움을 주려 했다는 좋은 의도를 이해해 주어야 한다는 말과 함께 사과하도록 했다. 소희의 속상한 마음을 달래 주고 민규에게 필요한 것은 선생님이 챙길 테니 이번처럼 그렇게 하지 않아도 된다고 일러두었다.

며칠 뒤 체육 시간, 민규가 또다시 잔뜩 화가 나 강당에 있는 의자를 머리 위로 들어 올렸다. 잘 놀다가도 자신의 기분에 거슬리는 일이 생기면 분노를 다스리지 못하고 격하게 감정을 표출했다. 이번에는 피구를 하는데 자신이 아웃이 아닌데 아웃이라고 해서 기분이 나빴고, 그래서 자기네 편이 졌다며 친구들에게 의자를 던지려고 했었다. 당장 달려가서 민규를 잡고 의자를 못 던지게 막았지만, 까딱했다가는 정말 누가 의자에 맞았을지도 모른다는 생각이 들었다.

민규를 진정시키고 절대 그러지 말라고 신신당부하는 다짐을 받았지만, 유독 승부욕이 발동되는 체육 시간 때마다 끊임없이 화를 주체하지 못했다. 급기야 나는 체육 시간이 두려울 지경에 이르렀다. '나 선생님 맞니?' 하는 생각이 들 정도로 아침마다 출근이 하기 싫을 정도였다. 크게 화도 내보고, 달래도 보고, 민규가 보는 앞에서 부모님께 전화해 당장 데리고 가라고 연극도 해보았지만(부모님과 미리 약속하고서) 다 소용이 없었다.

내 잘못이 아니라는 것을 알고는 있지만, 이런 일이 반복될 때마다 자책감과 무기력은 어쩔 수가 없었다. 퇴근하고 집에 돌아와서도 인터넷과 책을 뒤적거리며 해결 방안을 모색했다.

하루는 등교하자마자, 민규를 불러 "민규야. 선생님과 이야기 좀 할까? 민규는 어떨 때 화가 나? 화가 나는 상황을 적어보자." 이렇게 말하고는 아이에게 자신의 화를 적어보게 했다. 그리고 "화가 날 때 민규가 어떻게 행동하면 좋을지도 하나씩 적어보자."라고 했다. 그리고 당장 적은 대로 모든 것을 다 지키기는 어려운 만큼, 매일 아침마다 행동 한 가지만은 꼭 해보기로 약속했다. 그리고 하교하기 전에 스스로 평가해보기로 했다.

민규는 학교에 오자마자 나와 함께 친구들에게 격하게 화내지 않기, 체육 시간에 의자 던지지 않기, 때리지 않기 등 하루에 한 가지 지킬 일을 정했다. 그리고 수업이 끝나고는 오늘의 약속을 잘 지켰는지를 함께 이야기했다. 그리고 반 아이들 도움도 필요했으므로, 용기를 내서 반 친구들에게 사과하고, 열심히 노력할 테니 기다려달라고 말하도록 민규에게 권했다.

"애들아. 그동안 화 많이 내고 교실 분위기 나쁘게 만들어서 미안해. 나 노력하고 있으니까 조금만 기다려줘."

아이들은 평소 민규에 대해 안 좋은 경험이 있다 보니 사소한 일이라도 민규와의 일을 나에게 이르기 바빴지만, 민규의 사과를 듣고는 용기가 있다며 박수를 쳐줬다. 덕분에 민규의 행동이 눈에 띌 정도로 고쳐졌다. 두 달여의 시간이 걸렸지만 모두 잘 기다리고 인내해 주었다.

물론 두 달이 지난 이후에도 완벽히 고쳐진 것은 아니었다. 하지만 분노를 표출하는 간격이 점점 길어져서 한 달에 한 번, 두 달에 한 번으로 바뀌었으며, 그렇게 1학기, 2학기를 모두 무사히 잘 마칠 수 있었다. 그리고 다음 해, 내가 더 이상 담임은 아니지만 민규가 계속해서 잘 지낸다는 소식을 들었다. 참으로 뿌듯했다.

민규로 인해 나 역시 개인적으로 많이 성장했음을 부인하지 않는다. 민규를 위해 고민했던 시간이 힘든 일이었지만 의미는 충분했다. 다만 성장을 위해서 꼭 이런 식으로만 해야 한다면 다시 그러고 싶은 마음은 없다. 교사가 갖는 이런 감정은 결국 다른 아이들에게도 악영향을 미치게 된다. 마음 착했던 우리 반 아이들에게도 고마우면서 너희도 참 힘들었을 것이라는 위로의 마음을 보태고 싶다.

나는 왜 이런 상황을 누구에게도 도움을 요청하지 못하고 혼자서만 끙끙거리며 앓기만 했을까. 아마 어떠한 도움도 받지 못할 것으로 생각했기 때문일 것이다. 실제 그럴 만한 환경이었던 것도 맞다. 소위 '힘들다'는 아이의 올바른 성장을 위해 담임 혼자 몸을 갈아 넣는 시스템이라면 이 아이는 앞으로 어디서 환영을 받을 수 있을까? 문제가 생길 때마다 담임 교사 혼자서 감당해야 한다면, 그 아이는 모두가 피하고 싶은 학생이 된다. 그래서 학교 전체가 아이의 성장을 돕는 시스템이 필요하다. 담임교사 혼자가 아니라 상담 교사, 관리자, 그리고 학부모의 적극적인 협조가 필요하다는 얘기다.

요즘은 학부모 협조를 구하는 것이 쉽지 않다. 민규처럼 협조를 잘해주시는 부모도 있지만 "우리 아이만 미워하느냐며, 선생님이 잘 지도하셨어야죠?"라며 말하는 부모도 있다. 나는 학부모의 무조건적인 협조를 법으로 정해야 한다고 생각한다. 그리고 무엇보다 아이가 문제를 일으키면 교사 스스로 잘 지도하지 못해서 그렇다는 자책감부터 덜 수 있는 구조를 만들어야 한다고 생각한다.

교사의 정신 건강은 무엇보다도 중요하다. 그리고 훌륭한 교사로 성장해 나가는 데 있어서 필수적인 요소다. 후배 교사든 선배 교사든 모든 선생님이 내가 겪은 무기력감과 자책감을 느끼지 않았으면 좋겠다.

모든 이해관계자가 학생의 학습과 발전을 위해 손을 맞잡고 노력한다면 교육의 질은 더욱 향상될 것이다. 민규 같은 아이도 충분히 좋아질 수 있을 것이다.

생일의 긴박한 실종 사건

여름이 시작되던 그날, 나는 걸스카우트 담당교사로서 아이들을 데리고 캐리비안베이를 방문했다. 공교롭게도 그날은 내 생일이기도 했다. 저녁에는 오랜만에 고등학교 친구들을 만나 맛있는 음식을 먹고 즐거운 시간을 보낼 계획에 마음이 들떠 있었다.

워터파크는 뜨거운 햇살이 내리쬐었고, 시원한 물놀이 기구들이 입구를 통과하자마자 눈에 들어왔다. 아이들은 흥분하기 시작했다.

"얘들아, 모둠별로 꼭 이동하고 한 시간마다 선생님께 인원 보고 해야 하는 것 알지? 무슨 일 생기면 꼭 연락하고. 재밌게 놀고, 알았지?"

아이들은 기분 좋게 대답하며 흩어졌다. 5, 6학년 아이들은 모둠별로 놀이 기구를 타러 가고, 선생님과 함께 다니고 싶은 3, 4학년 친구들은 나와 함께 이동했다. 아이들의 웃음소리와 물소리가 뒤섞인 캐리비안베이는 활기가 넘쳤다.

시간은 빠르게 흘렀고, 어느덧 오후 5시가 되어 집으로 돌아갈 시간이 다가왔다. 아이들을 모으기 위해 약속된 장소로 갔다. 하지만 한 아이가 나타나지 않았다. 불안감이 가슴속 깊이 스며들었다.

"얘들아, 인영이 어딨어? 너 인영이랑 같은 모둠이지. 아까 4시에 연락했을 때 같이 있었잖아."

"네, 맞아요. 선생님. 그런데 인영이가 어디 들렀다 온다고 우리보고 먼저 가라고 했어요."

나는 곧 올 거라 믿으며 초조하게 기다렸다.

아이는 나타나지 않았다. 점점 걱정과 분노가 뒤섞이기 시작했다. 안내 방송으로 인영이를 애타게 찾기 시작했다.

'나타나면 가만 안 둘 거야.' 하다가도 '정말 무슨 일 있는 거 아니지? 제발 노느라 시간 가는 줄 몰랐기를…'하며 걱정과 분노가 교차하는 감정 속에서 아이가 얼른 나타나기만 간절히 바랐다.

같은 학교에서 우주소년단을 담당하는 J 선생님에게 연락해 걸스카우트 나머지 아이들을 먼저 버스에 태워 보내고, 나는 홀로 캐리비안베이에 남아 인영이를 기다렸다.

　　계속되는 안내 방송에 드디어 인영이가 모습을 드러냈다. 극도로 치솟았던 불안과 분노가 한꺼번에 가라앉으며 나는 털썩 주저앉았다. 화 낼 힘도 없었다. 인영이는 놀란 눈으로 나를 바라보았다.

　　"너 도대체 어디 갔었니? 선생님이 얼마나 애타게 찾았는지 알아?"

　　"저, 제 친구 수진이가 엄마, 아빠랑 놀러 왔길래 같이 따라가서 노느라 시간 가는 줄 몰랐어요."

　　인영이는 내 모습을 보며 그제야 자신이 어떤 실수를 했는지 깨달은 듯, 당황하고 미안해하는 표정을 지었다. 나는 마음속으로는 '오늘 내 생일이란 말이야.'하고 울었지만 애써 태연한 척 말했다.

　　"그래, 무사히 와서 다행이다. 정말, 정말...... 다행이야."

　　인영이를 데리고 캐리비안베이에서 나와 집으로 데려다 주는 동안, 나는 계속해서 가슴을 쓸어 담으며 오늘 일어난 일을 되새겼다. 그리고 나서, 다시 한 시간 반이 걸려 집에 도착했을 때는 이미 한밤중이었다.

피로와 슬픈 감정이 한꺼번에 몰려왔다. 나의 오랜 친구들은 나 없는 생일파티를 하고 있었다. 전화기로 친구들의 웃음소리가 들리자, 나는 서러움에 주체할 수 없는 눈물이 터졌다. 그동안 쌓였던 긴장과 걱정, 속상함이 한꺼번에 밀려왔다.

그날 밤, 나는 내 생일이 이렇게 끝나버린 것에 대한 아쉬움과 함께, 아이들의 안전을 책임지는 교사의 무게를 다시금 실감했다.

한 명의 교사가 외부 활동에서 다수의 아이를 직접 눈으로 보고 따라다니면서 일일이 확인할 수 없다는 사실을 우리는 잘 알고 있다. 하지만 무슨 사건이 터지기 전까지 국가(교육부)는 모른척하며, 그저 교사가 안전하게 임무를 완성하라는 책임감만 부여한다.

아이들이 친구들과 다양한 경험을 해보고 독립심을 점점 키워가야 하는 것 역시 필요한 교육이다. 제도적 방안이 필요한 부분이다. 하지만 무사히 인영이를 찾은 것에 안도감을 느끼는 것만으로 다행이라 여겨야 하는 걸까.

힘없는 평교사는 오늘도 그저 아무 사고 없기만 바랄 뿐이다.

쉽게 화내지 맙시다

 1학년 담임을 맡았던 때의 이야기를 한 가지만 더 하려고 한다.

 업무 분장표를 확인해 보니 돌봄교실 운영이 내 담당이었다. 막대한 예산을 써야 하는 돌봄교실이라 여러 이해관계가 복잡하고 어려울 것임을 예상했지만, 현실은 더 가혹했다. 바로 그해 코로나가 터져서였다.
 3월 첫날부터 개학을 못한 학교는 맞벌이 부모의 아이를 위해 돌봄교실을 열어야 했다. 그래서 개학도 하기 전에, 아직 전입해 온 학교에 소속도 되지 않은 상태에서 돌봄교실에 참여할 학생들 명단을 작성하기 위한 설문 조사를 시작했다.

하지만 개학이 금방 될 줄 알았던 학교는 코로나 확산에 따라 각종 대면 여건들이 실시간으로 바뀌는 상황이었다. 돌봄교실은 일주일마다 새로 명단을 작성해야 했고, 당장 다음 주 학교가 개학할지 말지도 불투명해서 운영 관련 사항은 자주 뒤바뀌는 등 한마디로 정신이 없었다.

급기야 급식실이 운영되지 않는 상황에서 급식을 제공하라는 공문이 금요일 밤에 도착하기도 했다. 그러면 급히 주말 동안 도시락 업체를 찾아야 했다. 그 사이 학생들 알레르기 여부도 조사해야 하고, 사설 도시락이므로 알레르기가 있는 학생은 따로 직접 도시락을 싸야 한다는 안내문도 보내야 했다.

그런데 한 번은 한 학부모가 알레르기가 있다고 체크한 후 도시락을 요구하는 일이 있었다. 안내문을 제대로 읽지 않은 것이었다. 어릴 때는 알레르기가 있었으나 지금은 괜찮아졌다고는 하지만 이미 알레르기가 있다고 체크가 된 터라, 도시락 지급이 어려웠다. 그리고 알레르기 사고는 학교에서도 자주 발생하는 문제라 편의적으로 판단할 수 있는 문제가 아니었다.

결국 알레르기가 없다는 확인서를 받아오면 된다고 다시 안내를 하는데, 아버님과 어머님이 알레르기 검사 비용이 얼마나 비싼데 쓸데없이 체크를 해서 이 난리를 피우냐며 서로 싸우는 소리가 전화기 너머로 들리는 것이 아닌가. 마치 내가 원인이 되어서 싸우는 것처럼, 듣는 내내 마음이 너무 조마조마했다.

'제발 전화 끊고 싸워주시라고요!'

결국 알레르기가 없다는 학부모님의 확인서를 받고서야 일은 마무리가 되었다.

여름 방학을 앞둔 어느 날은 퉁명스런 한 통의 전화가 걸려왔다.

"여보세요? 저희 아이가 1-3반 ***입니다. 오늘 돌봄교실 방학 특강 수업이라 도시락을 싸야 하는데 놓고 가서 전화드렸어요."

"안녕하세요. 어머니. 저희는 지금 방학이 아닙니다. 그리고 방학 때는 급식이 안 나오지만, 이번에는 도시락을 지급할 예정이라 도시락을 쌀 일은 없습니다."

그러자 학부모님이 버럭 화를 내며 "무슨 말씀이세요. 오늘 아침에 방학이라 돌봄교실로 갔는데요."

당시 나는 교사 연수실에 있었고, 1학년 3반 담임 선생님이 바로 앞에 계셔서 ***을 아냐고 물어보니 모른다고 했다.

"어머니. 1학년 3반 담임선생님께서 ***이란 학생은 없다고 하십니다."

"선생님. 진짜 너무 하시네요! 학생을 모른다는 게 말이 돼요?"

날이 선 목소리에는 짜증과 화가 잔뜩 묻어 있었다. 학부모의 쏘아붙이는 말투에 나는 가슴이 터질 것처럼 뛰고 얼굴이 홍당무처럼 새빨개졌다.

"어머니, 여기는 보람초등학교입니다. 혹시 다른 학교에 전화하신 건 아닐까요?"

"어머. 거기 보라초등학교 아니에요? 어머, 죄송해요. 호호호……"

무례한 말투로 쏘아붙이던 학부모님은 본인의 실수를 깨닫고는 그제야 웃으며 전화를 끊었다.

수화기를 내려놓으며 내 뺨으로는 나도 모르게 눈물이 주룩 흘러내렸다. 내 잘못도 아닌 일에 질책을 받아야 하는 어처구니 없는 상황이었다. 더군다나 준비 없이 있다가 일방적으로 폭격을 맞은 것이나 다름 없었다.

사람들은 왜 이렇게 상대를 배려하며 말하지 않는 걸까? 얼굴이 보이지 않는다고 그런 걸까? 무엇이 그토록 화가 났을까? 침착하게 물어보면 될 일인데.

나도 자녀를 키우고 있지만 아이의 일이라면 급하게 흥분하는 모습부터 보이는 학부모를 볼 때마다 부모의 역할이 무엇인지 의문을 가지지 않을 수가 없다.

그날은 정말 속상했고 화도 났다. 사람들이 왜 이렇게 화를 쉽게 내는지, 특히 남의 말을 제대로 듣지 않고 자신만 옳다고 주장하는지, 억울한 마음이 들었다. 다른 사람을 탓하기 전에 조금만 더 생각하고 이해하려고 노력하면 좋을 텐데.

다행히 연수실에 있던 동료 선생님의 위로를 받고 마음을 진정시킬 수 있었다. 학년 부장 선생님께서는 나보다 더 열을 내시며 "뭐 그런 사람이 다 있냐."라며 화를 내주셨다. 그 모습에 흐르던 눈물이 다시 쏙 들어갔다.

집에 돌아와 동네 맘 카페에 오늘 있었던 황당한 일을 쓰고, 제발 학교 선생님을 향해 화를 내지 말라고 말하고 싶었다.

나만 그런 것인지 모르겠지만, 교사라는 직업인은 이런 감정 표출에 적잖은 부담을 느낀다. 아이들과 함께하는 일이기에 더욱 그렇고, 항상 모범을 보여야 한다는 책임감 때문에 더욱 그렇다. 그래서인지 교사들은 감정을 조심스럽게 표현하려 하고, 의견이 다를 때도 최대한 부드럽게 전달하려 노력한다. 상대를 강하게 몰아붙이거나, 자기 생각만이 옳다고 주장하는 경우도 흔치 않다. 물론 모든 교사가 그렇다고 하기에는 비약이 있겠지만, 다른 직업군에 비해 상대적으로 온화하고 신중한 분들이 많은 것이 사실이다. 그러다 보니 교사들은 감정을 삭이거나, 쉽게 표현하지 못한 채 속으로 끙끙 앓는 경우가 많다. 이런 일이 반복되다 보면, 어느 순간 제 감정을 어떻게 표현해야 할지 낯설어질 때도 있다.

바라건대, 모두가 쉽게 화내지 않고 차분히 대화하며 서로의 감정을 존중하는 세상이 오면 좋겠다.

우리 아이는 절대 그럴 리 없어요

 아이는 아이다. 아무리 하지 말라고 백 번 말해도 고치지 못하고 같은 실수를 반복한다. 어른의 말을 이해하지 못해 엉뚱한 소리를 하기도 하고, 눈에 보이는 뻔한 거짓말을 하기도 한다. 다른 사람의 잘못을 쉽게 이르고, 자신의 잘못은 감추며 남 탓을 하기도 한다. 그리고 자신이 보고 이해한 것이 다 맞다고 생각하기도 한다. 뛰지 말라고 하면 "네!"라고 씩씩하게 대답하고 바로 뛰어가는 게 아이다. 자신보다 한 학년이라도 낮은 아이는 너무 어리게 보면서, 자신보다 한 학년 높은 형, 누나에게는 말도 잘 못한다. 그러면서도 어른에게는 쉽게 말대답을 한다.

이런 아이들의 되바라짐에도 내가 18년 동안 만난 아이들 대부분은 친구에게 받은 상처를 어른들보다 훨씬 너그럽게 이해하고 그리고 사과하면 바로 받아준다. 속상했던 일도 금세 잊어버리고 다시 그 친구와 신나게 논다. 그리고 "선생님은 널 믿어."라는 말을 진심으로 믿어준다. 그뿐만 아니라 "널 위해 선생님이 잘못된 습관을 고쳐주겠다."라고 하면 그 말을 믿고 당장은 고쳐지지 않아도 열심히 노력하는 모습을 보여준다.

오히려 학교에서 일하며 가장 힘든 것 중 하나는 단연코 학부모와의 소통이다. 물론 대다수의 학부모는 담임 선생의 지도 방식을 이해하고 지지해 주지만 그렇지 않을 때도 있다. 크게 두 가지 형태로 정리해 볼 수 있다.

첫 번째는 친구와 싸우는 경우처럼 어떤 사건이 자신의 자녀를 힘들게 할 때다. 이때 내 자녀는 잘못했을 리 없다고 생각하고 상대 아이를 나쁜 아이로 판단한다. 자녀를 믿는 마음에서 비롯된 것이라는 부모 마음을 모르는 바는 아니지만, 때로는 그 때문에 내가 공정하게 지도하는 사실이 의심받을 때가 있다. 이럴 때는 참 마음이 답답하고 아프다.

일 년에 한두 번 정도 있는 일이지만, 그런 일이 생기고 나면, 교단에 서는 것이 두려워지기도 한다. 나는 교사로서 누구의 편도 들지 않는다. 모든 제자를 공정하게 대하려고 노력한다. 힘들게 하는 아이도 있지만, 그 아이도 아직 미성년자이기 때문에 충분히 이해하고 지도하고자 하는 마음을 갖는다.

하지만 학부모는 학교 상황을 직접 보지 못했기 때문에 상상으로 모든 일을 확대해서 생각한다. 두 아이의 입장을 충분히 듣고 조율한 상황인데도, 내 아이가 더 억울하거나 피해를 더 많이 본 것 같다고 느낀다. 그로 인해 감정을 조절하지 못하고 담임선생에게 쏟아내기도 한다.

아이들은 미성년자다. 미성년자라는 것은 아이의 시각으로 판단하고 부모님께 전하는 내용이 꼭 사실이 아닐 수 있다는 뜻이다. 아무리 직접 본 것이라 해도 앞뒤 맥락을 다 파악하지 못할 수 있다.

내 자녀는 특별해서 절대 욕을 하지 않고 절대 남을 힘들게 하지 않을 것이라는 생각에서 벗어나야 한다. 내 자녀에 대한 판단이 항상 옳을 수는 없다. 아이들이기에 모든 가능성을 다 열어놓고 문제를 봐야 한다. 앞에서도 얘기했지만, 아이들은 서로 다투었다 하더라도 금방 화해하고 마음을 풀고 같이 잘 논다. 무엇이 아이를 위하는 것인지 잘 생각해 볼 일이다.

학부모와의 소통이 어려운 두 번째 경우는 바로 아이가 다치는 경우다. 아이 스스로 넘어진 경우를 두고서도 교사에게 화를 내고, 심지어 화가 난다고 말하는 것을 들은 적이 있다. 뛰지 말라고, 바르게 앉으라고, 매일 같이 열심히 지도하고, 열심히 가르치지만, 아이가 급하게 걷다 본인의 실수로 넘어질 때가 있다. 그런데 그게 선생 탓이 되어 비난을 받을 때면 정말 마음이 상한다. 이런 일이 생기고 나면 너무 허탈하고 아이를 위해 애썼던 마음이 뭔 소용이랴 싶은 생각이 든다.

이러한 소통의 어려움에도 교사의 길을 포기하지 않게 하는 것은 언제나 아이들의 순수한 웃음과 따뜻한 마음이다. 아이들이 보내는 '사랑해요. 선생님.'이라고 적힌 감사의 편지, 선생님을 믿고 따르는 모습이 나를 다시 일어서게 한다. 학부모와의 소통이 어렵고, 때로는 진심이 오해받는 일이 생기더라도, 아이들이 한 해 한 해 성장해가는 모습을 지켜보는 것은 무엇과도 바꿀 수 없는 큰 보람이다.

마지막으로 꼭 전하고 싶은 메시지가 있다. 내 자녀는 절대 그럴 리 없다는 생각이 아이의 성장을 방해할 수도 있다는 사실이다.

아이들은 실수를 통해 배우고, 잘못을 통해 성장한다. 실패하는 아이가 더 많은 걸 얻을 수 있다. 아이의 실수를 인정하고 이해하고, 실수가 성장의 밑거름이 되기 위해서는 부모님과 교사의 신뢰와 지지 그리고 둘의 협력이 무엇보다도 중요하다.

 자녀의 말을 믿되, 교사의 말에도 귀 기울여 주고, 교사의 진심을 믿되, 실수도 있음을 이해하고, 그렇게 교사는 늘, 언제나 아이의 성장을 위해 항상 노력하고 있음을 꼭 알아줬으면 좋겠다.

새 학기는 언제나 떨린다

　근무지는 4년마다 바뀐다. 4년이 지나면 어김없이 새로운 학교에 가서 새로운 업무와 새로운 아이들을 만난다. 나이가 들수록 새로운 학교에 가는 것이 점점 부담스럽다. 새로운 환경에 익숙해지는 것도 힘들고 낯선 사람들과 친해지는 것도 전처럼 편치가 않다. 경력이 많아진다고 해도 도무지 나아지지 않는 것이 있는 것 같다.

　책 『내가 가진 것을 세상이 원하게 하라』(최인아 지음, 2023년 출간)에 이런 내용이 나온다.

　"나의 의도와 기호, 취향만이 나를 성장시키는 건 아닌 것 같습니다. 때론 내가 싫어했던 일 혹은 당장의 이익을 가져다 주진 않는 일이 나를 키우죠. 그것을 해나가다 보면 그 길 어딘가에서 자신을 다시금 돌아보고 새로 발견하는 지점을 만나게 됩니다. 나도 모르고 있던 내 안의 어떤 것을 끄집어내는 역할을 일이 해주는 겁니다. 물론 그보다 큰 질문, 즉 어떻게 쓰이고 싶은지, 내가 아는 나의 재능과 취향, 선호를 어떻게 썼을 때 자신의 성장과 더불어 내가 속한 곳에 대한 기여도 커질 수 있을지에 대해선 계속 생각해 봐야 합니다."

최인아 작가의 말대로 선뜻 손이 나가지 않는 업무와 학년을 배정받더라도, 나를 성장시키고 내 안의 무언가를 끄집어내는 기회가 되도록 긍정적으로 받아들이자고 마음먹지만, 매번 새 학교와 새 학년, 새 업무에 대한 스트레스가 없을 수는 없다. 잠도 안 오고, 집중도 안 되며, 마음이 단단히 자리 잡지 못한 채 둥둥 떠다니는 기분이 드는 건 어쩔 수 없다. 바뀌는 환경이 처음이 아닌데도 매번 새 학기를 앞두면 이런 생각이 든다.

최근 TV를 보다 이런 내 마음에 위로가 되는 장면 하나를 만났다. JTBC 주말 앵커로 활약하고 있는 강지영 아나운서가 《유퀴즈》에 나와 12년 만에 앵커가 되었을 때의 이야기를 해주는 장면이었다.

그동안 다양한 방송을 했음에도 앵커로서 첫 진행은 굉장히 떨렸고, 결국 그동안 준비했던 회심의 첫 멘트를 과호흡 상태로 해서, 지금은 하나도 기억이 안 난다고 했다. 이 말을 듣고 있던 국민 MC 유재석도 자신 역시 프로그램을 시작할 때마다 처음 하는 것처럼 떨린다고 했다.

우리나라 사람이라면 누구나 인정하는 최고의 진행자들도 하물며 저렇게 이야기하는데, 10년 넘게 해온 교직 생활이지만, 새 학교 새 학년을 시작할 때마다 떨리는 건 어찌 보면 당연한 거 아닐까.

사회 초년생 시절 실수투성이였던 강지영 앵커가 과거 본인에게 한 멘트 "버티면 기회가 온다."라고 말하던 장면은 지금도 기억 속에 깊이 남아, 코 끝을 찡하게 한다.

나 역시 버틴다는 말을 참 좋아하는데, 버틴다는 말속에는 싫은데 견딘다는 부정적인 느낌보다, 불만족스럽지만 잘 이겨내서 문제 해결력을 키우고 나를 발전시킨다는 긍정적 의미를 더 포함하고 있다.

일이라는 것은 꼭 원하는 형태로만 다가오는 것은 아니기에, 지금의 움츠린 내 모습도 앞으로 어떻게 잘 쓸 수 있을지 기대하는 마음으로 긍정적으로 세뇌하고 있지만, 항상 기분 좋은 마음, 걱정 없는 마음으로 학교생활을 이어가긴 어렵다.

그래서일까? 대상포진(면역력이 떨어질 때 발생한다. 고령이거나

극도의 스트레스 등이 원인이 된다.)은 왜 낫지 않는 걸까. (ㅎㅎ)

새로운 시작을 앞둔 모든 분에게 잘 버티시라는 응원을 전하고 싶다. 아. 그리고! 비단 나뿐일까? 한 학년을 올라가고 새 친구들을 사귀어야 하는 아이들도 그렇고, 그런 아이를 보는 부모님 마음도 마찬가지일 터. 모두가 새로운 환경에서 잘 적응하고 버티는 마음으로 하루를 살았음 좋겠다.

* 교실 속 웃음 한 조각- 선생님 돌잔치 같아요!

2달마다 한 번씩 열리는 생일파티. 특별한 건 없지만 '생일 축하합니다' 라는 현수막에 생일 축하 노래를 다 함께 불러줍니다. 그리고 친구들의 편지를 묶어 전해주고 선생님의 작은 선물을 건넵니다.

현수막을 칠판에 설치하고 있는데 한 친구가 이렇게 말하더군요.

"선생님. 꼭 돌잔치 같아요."

돌잔치는 1년 동안 잘 자라줘서 고맙고, 돌잡이를 통해 앞으로 잘 살라는 의미로 합니다. 돌잔치 하는 마음처럼 1년 동안 아이들이 잘 자라주길 바라는 마음입니다.

"그러게. 정말 돌잔치 같아. 그치?"

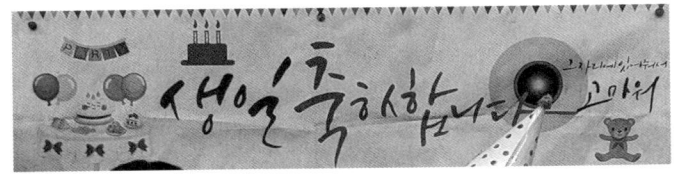

2부.

그럼에도 교사하길 잘했다

나를 울린 간장게장

'카르페디엠'

현재를 즐기라는 이 의미는 영화《죽은 시인의 사회》에 나오는 명대사다. 영화 속 키팅 선생님은 교사라면 누구나 꿈꾸는 그런 모습의 어른이다.

그는 입시 위주의 공부만을 강요하는 학교에서 벗어나 학생들에게 삶의 의미를 가르치려고 했다. 교실 안보다 교실 밖에서 더 많은 수업을 했고, 시는 점수로 평가하는 것이 아니라며 교과서의 '시의 이해'라는 서문을 찢어버리게 했다. 그리고는 우리가 시를 읽고 쓰는 이유가 단순히 시가 아름다워서가 아니라 열정으로 가득 찬 인류의 일원이기 때문이라고 말했다. 의학, 법률, 경제, 기술은 삶을 유지하는 데 필요하지만 시와 아름다움, 낭만, 사랑은 우리가 살아가는 목적이라고 했다.

키팅 선생님은 학생들에게 자신의 시를 만들어 보라고 독려했고, 평범한 사물을 다른 각도에서 보게 하려는 의도로 책상 위로 올라가도록 했다.

나는 키팅 선생님의 여러 가르침 중 생각하는 법을 배우는 것이 교육이라는 점에 공감한다. 그리고 나 역시도 시를 통해서 아이들에게 생각하는 힘을 길러주고 싶다. 특별히 시를 찾아 읽는 편은 아니지만, 국어책에 등장하는 시를 가르칠 때면 내 마음은 마치 시인처럼 뜨거워진다. 마치 삶의 열정이 새롭게 샘솟는 것 같다.

한번은 아이들에게도 시의 감동을 뼛속 깊숙이 느끼게 해주리라 마음먹고, 6학년 아이들에게 시 한 편을 소개한 적이 있다. 바로 안도현 시인의 〈스며드는 것〉이라는 시였다.

스며드는 것

꽃게가 간장 속에
반쯤 몸을 담그고 엎드려 있다

등판에 간장이 울컥울컥 쏟아질 때
꽃게는 뱃속의 알을 껴안으려고
꿈틀거리다가 더 낮게
더 바닥 쪽으로 웅크렸으리라
버둥거렸으리라 버둥거리다가
어찌할 수 없어서
살 속으로 스며드는 것을
한때의 어스름을
꽃게는 천천히 받아들였으리라
껍질이 먹먹해지기 전에
가만히 알들에게 말했으리라

저녁이야
불끄고 잘 시간이야

 당시, 막 출산해서 아이를 키우던 시기여서 유독 꽃게 어미로 빙의해 쓴 시가 너무 와 닿았다. 그리고 생명의 아픔에 공감하는 시인의 마음이 너무 좋았다. 여기까지는 괜찮았는데, 아이들에게 시를 읽어주다가 너무 감격한 나머지 엉엉 울어버리고 말았다. 아이들은 시의 내용도 잘 이해하지 못한 채,

울고 있는 선생님의 얼굴만 쳐다보며 어리둥절했다.

"너무 슬프잖아. 흐엉. 흐엉."

"글쎄요. 선생님...잘..."

"애들아. 글쎄...꽃...게...어...미가...알들 무섭지...말라고... 덤덤히 말하는 게... 엉엉... 간장게장 이제는 못 먹겠다. 너희가 부모의...마음을...알련지......."

그래도 간장게장은 맛있다는 아이, 원래도 간장게장은 맛이 없었다는 아이, 밥도둑인데 안타깝다는 아이, 통곡할 정도로 슬픈 건 아니라는 아이, 각자 시에 대한 생각을 자유롭게 와자지껄한 이야기로 풀어내며 시에 빠져들었다. 그날 아이들과 함께 비유적인 표현을 살려 시 써보기도 했는데, 아이들도 내 마음처럼 마음이 몽글몽글해졌을까.

교사란 직업이 감사할 때가 이런 경우다. 나를 감동시킨 시나 책을 아이들에게 나누어줄 수 있다는 것.

이병률 시인은 우리가 시를 읽어야 하는 이유에 대해 "시는 사람을 물들이기 때문"이라고 했다. 나는 우리 아이들도 시를 통해 타인을 이해하고 세상을 보는 따뜻한 시선을 가졌으면 좋겠다.

오랜만에 《죽은 시인의 사회》를 다시 보았다. 교사가 되어서 본 영화는 매번 다른 느낌을 준다. 아이들에게 정체성을 일깨워 주고 싶었던 키팅 선생님의 교육이 결국 닐의 죽음과 키팅의 퇴장으로 끝나는 것을 보면서, 삶은 언제나 예측할 수 없는 방향으로 흐르고, 좋은 교육이 꼭 좋은 결과만을 가져오지 않는다는 것도 깨닫는다.

시를 배웠으니, 아이들에게 꼭 묻고 싶은 질문이 있다.

"얘들아. 너희 인생의 시는 무엇이 될 것 같니?"

거짓 일기를 쓰는 아이

 초등학교 4학년 시절, 아빠가 교통사고를 당했다는 얘기를 했다. 사고 후 아빠는 서울의 큰 병원에 1년 정도 입원하셨고, 엄마도 간호를 위해 집을 떠나 계셔서, 나와 형제자매들은 한동안 부모 없는 생활을 해야 했다.

 사고가 있기 전까지는 하교하는 나를 맞아주는 건 엄마였고, 엄마가 차려주는 따뜻한 저녁을 먹으며 평범하지만 행복한 일상을 보냈다. 그러다 아빠의 사고로 경험하게 된 엄마의 부재는 무척이나 컸다. 언니 오빠는 중학생 고등학생이라 늦게 오고, 초등학생이었던 나는 늘 혼자서 집을 지켜야 했다. 숙제도 혼자 하고 놀기도 혼자 해야 했다.

당시 늘 해야 했던 숙제가 일기 쓰기였는데, 아빠는 병원에 있고 엄마는 지금 당장 내 옆에 없다는 사실을 일기에 밝히는 것이 왜 그렇게 싫었는지, 나는 늘 거짓 일기를 썼다.

아빠가 다치기 전, 엄마가 해주시던 고구마 삶아 먹던 이야기, 엄마와 함께 숙제하고, 인형 놀이하고, 맛있는 무언가를 만들어서 먹었다는 이야기 등 거짓 일상으로 일기를 채웠다. 그리고 얼마나 열심히 썼는지 그 해에 상을 받기까지도 했다. 받고도 침울했던 상. 사실 다 거짓말이었는데 말이다.

신규 교사가 된 지 얼마 되지 않았을 무렵 우리 반의 한 아이 어머니가 찾아왔다. 어머니는 눈물을 보이시며 갑작스레 사고로 떠난 아이 아버지 이야기를 어렵게 꺼냈다. 그리고 갑작스레 떠났기에 처리해야 할 일이 너무 많아 당분간 할머니가 아이를 맡을 거라는 말씀을 했다.

당시 우리 반도 일기를 쓰고 있었는데, 그 아이의 일기에도 온통 거짓 일상으로 가득 차 있었다. 아빠와 함께 놀이동산에 간 이야기, 엄마가 맛있는 음식을 해주었다는 이야기 등….

'온 힘을 다해 네가 버티고 있구나…'

아무렇지 않은 척 그 아이의 일상을 지켜주고 싶었다. 집에 가면 아마 아이는 많이 힘들 것이다. 그 옛날의 나처럼 말이다.

학교에서만큼은 아이들과 아무렇지 않은 척 웃고 떠들며 잘 지낼 수 있기를 바랐다. 그것은 나에게도 아이에게도 무척 중요한 일이었다. 그런 마음으로 나는 아이의 일기장에 환한 미소를 그려주었다.

가끔 타인이 우리의 아픔을 모른 척 해 주고, 아무렇지 않은 듯 대해줄 때 오히려 큰 위로를 받을 때가 있다. 그 아이가 잊고 싶은 현실을 마주하지 않도록 도와주는 것 또한 선생인 내가 해야 하는 일이다.
"지금은 아마 20대 후반이 되었겠구나. 여전히 씩씩하게 잘 지내고 있지?"

쿵짝이 잘 맞는 우리

특별히 쿵짝이 잘 맞는 아이들이 있다. 마치 서로의 궁합이 완벽한 것처럼 말이다. 무엇을 해도 반응이 뜨겁고 모든 순간이 재미로 가득 찬 아이들을 보면 나도 저절로 신이 나고 아이들도 함께 즐겁다.

30대 초반에 만난 6학년 아이들이 바로 그랬다. 물론 우리 반에는 소위 학교 짱이라 불리는 아이도 있었고, 힘든 사건도 많았다. 하지만 그 모든 것을 잊게 할 만큼 나와 우리 반 친구들과의 케미가 좋았다. (나 혼자만 그렇게 생각했던 건 아니겠지?)

'드르륵'

점심시간이 끝나고 교실 앞문을 열었을 때, 나는 깜짝 놀라며 멈춰 섰다. 아이들이 모두 두 손을 모으고 문 앞에 옹기종기 모여 앉아 있는 게 아닌가? 올망졸망 모여 앉은 아이들이 나를 보자 외쳤다.

"김태희보다 예쁜 선생님! 5교시에 피구 해요! 제발요!"

"진짜야? 선생님이 정말 김태희보다 예뻐? 푸하하하. 좋아. 피구 하자, 까짓것."

김태희보다 예쁘다는 말에 마음이 흔들린 건 절대 아니다. 그저 선생님을 꼬시겠다고(?) 이런 귀여운 계획을 세우고 내가 오기만을 문 앞에서 오매불망 기다렸을 마음에, 내 마음도 아이스크림처럼 녹아내렸다. 항상 노는 데만 열심인 아이들이지만 귀엽고 사랑스러운 모습에는 미소를 짓지 않을 수 없다.

"선생님. 제 꿈이 슈퍼스타K에 나가는 건데요. 노래 한 번 들어보실래요?"

"맞아요. 선생님. 윤수 노래 엄청 잘해요."

아이들의 환호에 각 잡고 가수처럼 노래를 부르는 윤수. 그 모습이 기특하면서도 어찌나 웃긴지. 키득키득거리면서도 모두 진지하게 윤수의 노래를 감상했다. 나중에는 반 친구들이 콘서트에 온 것 마냥 모두가 두 손을 뻗어 박자를 맞추고 몸을 흔들고, 떼창을 하며 앙코르를 외치기도 했다.

윤수와 친한 혁준이는 늘 내 앞에서 실없는 농담과 개그를 선보였다. 쉴 새 없이 떠드는 입을 보며 '덤앤더머'라는 별명을 지어줬다. 둘은 그 별명을 어찌나 마음에 들어 하는지, 자신들이 '덤앤더머'라며 자랑을 하고 다녔다. 수업 시간에도 얼마나 떠드는지 이제 그만 말하라고 캐릭터 스티커를 주며 입에 붙이라고 하면, 그걸 또 정말로 입에 붙이고 다니면서 자랑을 했다.

아이들은 내가 하는 모든 행동을 유쾌하게 받아줬고 나도 아이들과 실없는 농담도 하며 함께 웃었다.

한 번은 보건휴가가 있던 날이었다. 전면 주 5일제가 시행되기 전으로 생리 휴가로 보건휴가라는 게 선생님에게 있었다. 그날은 토요일이었는데, 책 읽어주는 학부모 시간이 있었다. 집에서 휴식을 취하고 있는데, 우리 반으로 책을 읽어주러 오신 반장 어머니로부터 전화가 왔다.

"선생님. 남자아이들 절반이 수업에 들어오지 않습니다."

나도 놀랐지만 반장 어머니께서 더 놀라신 듯했다. 때마침 학교 앞 슈퍼마켓 아주머니께서 아이들이 지금 단체로 뭘 사 먹고 있는데 아무래도 이상하다며 학교로 전화를 했다. 다행히 아이들은 바로 교실로 복귀했지만, 그 덕분에 나는 다시는 보건휴가 갈 생각을 할 수 없었다.

그 일이 있은 다음 월요일 날, 아이들은 선생님이 안 계셔서 그랬다며 말도 안 되는 이유로 나의 기분을 풀어주었다. 그리고 다시는 그러지 않겠다고 단체로 약속을 했다. 그 모습에 화가 나야 하는데 마음속으로는 녀석들이 또 얼마나 귀여웠는지.

'너희들은 내가 있어야 하는구나. 정확히 말하자면 내가 있어야 사람이 되는구나. 단속 잘해야 하겠다.'

그해 우리 반에는 온라인 카페가 운영되고 있었고, 나는 아이들 각자에게 개인 게시판을 만들어 주었다. 28개의 게시판에는 각자 하고 싶은 이야기를 마음껏 올리되 카페 관리자 역할을 하는 아이가 엄격하게 언어 사용을 관리했다. 그리고 〈후야쌤의 일기〉라는 게시판도 만들어 내가 아이들에게 하고 싶었지만, 직접 말하기 어려운 낯간지러운 이야기를 썼다. 그만큼 애정이 있었고 소통도 즐거웠다.

즐겁게 학교생활을 할 수 있었던 것은 옆 반 C선생님 덕도 컸다. C선생님은 누가 봐도 표정부터가 아이들과 대화하는 모습이 진심이라는 느낌을 주기에 충분했다. 아이들과 놀아줄 때는 아이들 수준에 맞춰 정말 즐겁다는 생각으로 제대로 놀아주었다.

C선생님이 말씀하시길, "후야쌤. 애들은 다 알아. 선생님 마음이 진짜인지 가짜인지."

그 말에 내가 진짜 마음을 열고서 아이들을 대하고 있는지, 아이들 말에 진심으로 경청하고 있는지 반성하게 됐다. 덕분에 '난 선생이고 넌 학생이야!'라는 벽(?)을 조금은 허물고 아이들과 즐겁게 교실의 일상을 공유하는 법을 배웠다.

매해 만나는 아이들은 모두가 소중하고 예쁘다. 하지만 수업 시간 보여준 유쾌한 반응과 '티키타카'로 그 해가 유독 기억에 많이 남는다.

쿵짝이 잘 맞으면 내가 오히려 아이들에게 더 많은 에너지를 얻는다. 그리고 더 놀라운 건 그들 덕분에 내가 아이들을 진심으로 더 예뻐하고 좋아하게 되었다는 사실이다.

너희들이 보고 싶다.

은따 사건을 다루는 나만의 지혜

　내가 초등학교 6학년이던 시절, 단짝 연우는 나를 너무 좋아했다. 우리 집에 놀러 와 함께 인형놀이를 한 적도 많았다. 연우는 귀여운 캐릭터가 그려진 지우개와 연필 등 평소 잘 갖지 못하는 예쁜 학용품을 사서 나에게 자주 선물로 주었다. 하지만 세상에 공짜는 없다고 하지 않던가.

　어느 날 연우가 우리 반의 채연이가 너무 잘난 척을 한다며 놀고 싶지 않다는 말을 내게 했다. 그리고 함께 채연이와 절교하자는 제안을 했다. 연우는 단짝이고 나를 무척 좋아해 주는 친구라 만약 내가 거절한다면 섭섭해할 것만 같아 무척 난감했다. 채연이가 싫은 것도 전혀 아니었고 남을 상처 주는 행동은 더더욱 해서는 안 되는 것임을 알기에 어찌해야 하나 고민이 되었다. 나는 결국 받았던 선물을 돌려주며 채연이에게 그러면 안 될 것 같다고 했다. 연우는 알겠다며 나의 뜻을 존중해 주는 듯했다.

그러다가 얼마 못 가서 이번에는 또 다른 친구 수진이가 마음에 들지 않는다며 너도 같이 수진이와 놀지 않았으면 좋겠고, 이번에는 베스트 프렌드인 자신의 의견에 따라주지 않으면 몹시 속상할 거라는 말까지 했다.

'대체 왜 그러는 거야?'라며 마음속으로 울부짖었지만 아닌 건 아니기에 결국 나는 연우의 뜻을 따라주지 못했다. 이에 연우는 다른 친구들을 꾀어내어 수진이를 따돌렸다. 나는 오히려 따돌림받는 수진이를 좀 더 챙겼다. 그러자 연우는 내가 몹시 미웠는지 나도 같이 따돌리기 시작했다.

연우와 매일 싸우고 무시를 당하기도 많이 했지만 수진이와 친하게 지내며 꿋꿋이 버텼고, 나중에는 연우가 수진이 말고도 또 다른 친구를 따돌리려고 했고, 이런 과정에서 반 아이들 모두가 연우에게 지쳐갔다.

결국 학기 말에는 오히려 연우가 친구가 한 명도 없는 반 전체 왕따가 되었다. 나는 그 모습이 또 어찌나 안타까웠는지. 죽고 싶을 만큼 나를 힘들게 만든 친구였음에도 그 상황이 너무 애처로웠다. 내가 무슨 천사도 아닌데 말이다.

어른이 된 지금에 와서도 나는 그때의 내가 참 자랑스럽다. 아주 친한 친구였지만 그 친구가 내민 검은(?) 손을 잡지 않았고, 도덕적으로 옳은 행동을 했기 때문이다. 내 아이에게도 떳떳하게 말할 수 있다.

만약 이 글을 읽는 학생이 있다면, 절대 다른 사람 눈에 눈물 나게 하는 일은 하지 않았으면 좋겠다. 정말이지 꼭 당부하고 싶은 부탁이다.

우리 때는 이런 일이 초등학교 6학년 때나 있는 일이었지만, 요즘은 그 나이대가 점점 더 아래로 내려오는 것 같다. 초등학교 4학년 정도가 되어도 여자아이들 사이에 미묘한 신경전이 벌어지는 것을 자주 목격한다.

학교라는 곳이 여럿이 모여 생활하는 공간이다 보니 늘 어려운 문제는 생기기 마련이다. 요즘은 내가 옛날에 당했던 것처럼 대놓고 왕따를 시키는 것은 아니지만, 은근히 그룹에서 소외시키거나 무시를 하는 경우가 많다. 우리 반에서 이런 일로 힘들어하는 아이를 볼 때면 내 경험이 오버랩되면서 마음이 참 아프다. 그리고 내가 그토록 많은 애정을 가지고 지도했거늘 서로에게 상처 주는 일을 보며 착잡해지는 마음이 드는 것도 어쩔 수 없다.

아무튼 이러한 '은따' 사건이 발생하면 나는 나만의 프로세스를 발동시킨다.

1단계는 일단 힘들어하는 아이와 충분히 대화한 후 현재 상황에 대한 진단을 내리는 것이다. 그리고 아이가 원하는 해결 방법을 들어본다. 아이 스스로 자신의 내면을 잘 살펴보아야 제대로 된 결말을 얻을 수 있기 때문이다.

2단계는 반 아이들에게 나의 어린 시절 왕따 사건 이야기를 해준다. 그래서 타인에게 상처를 주면 왜 안 되는지, 아이들이 그 마음을 잘 알 수 있도록 지도한다. 한마디로 마음을 촉촉하게 만드는 것이다.

3단계는 영화《우리들》을 함께 보고 느낀 점을 서로 이야기한다.《우리들》은 초등학교 4학년 여자아이들의 왕따 사건을 다룬 영화다.

영화 내용을 잠시 요약하자면, 초등학교 4학년인 선이는 여름 방학식 날 전학 온 지아와 우연히 만나 단짝이 된다. 함께 서로의 집에 가서 놀기도 하고 비밀도 공유한다. 하지만 이혼 가정인 지아는 선이가 엄마랑 알콩달콩 지내는 모습을 보고 내심 질투하는 마음이 생긴다. 반면 선이는 지아가 부자인 것이 부럽다.

어느 날 지아는 방학 동안 학원에 다니게 되는데, 여기서 만난 보라라는 친구로부터 선이는 반에서 왕따라는 이야기를 듣고 선이를 멀리한다. 보라는 학급에서 선이를 왕따시키는 인물이었다. 지아가 전학 오기 전처럼 다시는 혼자가 되고 싶지 않았던 선이는 억울한 마음에 지아가 예전에 물건을 훔친 적이 있으며, 전에 학교에서는 왕따였으며, 지아의 엄마는 영국에 간 것이 아니라 이혼을 한 것이라고, 지아의 비밀을 반 친구들에게 폭로한다.

이로 인해 서로 심하게 싸우게 되고 둘의 관계는 최악으로 치닫는다. 지아와 화해가 쉽지 않았던 선이는 동생 윤이가 한 말에 용기를 얻어 화해를 결심하고 다시 지아에게 다가간다.

한편 선이의 동생 윤이는 매번 친구에게 맞고 오는 아이다. 이에 선이는 윤이에게 왜 너는 때리지 않느냐고 물으니 윤이는 이렇게 말한다.

"또 때리면 언제 놀아?"

이 명대사가 이 영화의 모든 것이라고 할 수 있다. 친구는 미워하고 싸우는 사이가 아니라 그 시간에 함께 노는 사이라는 동생의 말이 선이의 가슴에 와 닿는다.

이 영화를 본 후 나는 아이들에게 이렇게 질문한다. "이렇게 멀어진 두 친구는 다시 친해질 수 있을까요?" 아이들은 모두 하나같이 "네."라고 답한다. 아이들이 하는 대답은 내가 이 영화를 아이들에게 보여주는 이유다.

4단계, 두 번 마음을 촉촉하게 만든 뒤 사건 당사자들을 한곳에 불러 모아 허심탄회하게 이야기를 나누도록 한다. 진실한 대화를 통해 서로 화해할 수 있도록 돕는다.

5단계, 일주일간 아이들을 지켜보면서 아직도 사이가 멀어져 있다면, 서로가 얼마나 잘 지내고 싶은지 은근히 전해준다.

이런 다섯 단계의 과정을 거치면 대부분은 다시 잘 지낸다.

책 『언어의 온도』(이기주 지음, 2016년 출간)에는 이런 내용이 있다. 열이 나 아픈 손자가 할머니에게 내가 아픈 걸 어떻게 그리 잘 아느냐고 물어본다. 그랬더니 할머니는 이를테면 '할머니는 다 알지.' 이런 대답 대신 이렇게 말한다.

"그게 말이지. 아픈 사람을 알아보는 건, 더 아픈 사람이란다."

나 역시 친구들과 왕따 문제로 오랜 시간 동안 아파보았기에 그 마음이 충분히 그리고 절절히 이해된다.

앞으로도 나는 반 아이들의 친구 문제라면 적극 도와줄 것이다. 물론 내가 쓰는 이 방법이 언제나 정답처럼 작용하진 않을 것이지만, 그 방법이 무엇이든 아이들의 아픔을 함께 느끼고, 그들에게 진심 어린 관심을 보여주는 것은 공통된 해결

책이 될 수 있다. 나 또한 그것이 최선임을 믿는다. 교육은 지식뿐 아니라 마음을 나누는 과정이기 때문이다.

너는 소중한 아이야

"저 좀 죽여주세요."

"내가 너를 왜 죽이니? 수혁아. 마음 가라앉히고 선생님이랑 연수실에 가서 이야기하자."

"싫어요. 안 갈 거예요. 저 좀 죽여달라고요."

교실에서 큰 소리로 울며 자신을 죽여달라는 아이가 있었다. 숙제를 하지 않았고, 그래서 부모님께 죄송하다며 죽여달라는 초등학교 6학년 13살의 아이. 수혁이는 어린 나이에 무슨 일을 겪었기에 이렇게나 마음의 병이 들었을까. 정확한 이유는 알 수 없지만, 내게는 '선생님. 저 사랑이 부족해요. 사랑받으며 살고 싶어요. 저 좀 알아주세요.'라는 간절한 외침 같았다.

수혁이는 일기나 국어 시간에 쓰는 글마다 부모님께 죄송하다는 내용과 자신이 잘못했다는 자책감이 가득했다. 나이에 비해 과도했다. 반면 사소한 일에도 피해 의식이 커 상대방을 탓하는 일도 많았다. 그로 인해 아이들과 종종 트러블이 생기기도 했다.

어느 날, 싫다고 했는데도 수혁이가 자꾸 장난을 친다며 지선이가 나에게 알리러 왔다. 그래서 수혁이에게 "수혁아. 선생님하고 잠시 이야기 좀 할까?"라는 말했는데, 갑자기 욱하며 "왜 저한테 그러세요?"라고 하더니 교실을 뛰쳐나가 버리고 말았다.

내가 뭘 어떻게 하기도 전에 '지금 이게 무슨 상황이지?' 멍하니 있다가 다른 친구에게 수혁이를 따라가 보라고 했다. 수혁이는 계단 밑에 앉아 있다고 했다. 교실로 들어오라고 했지만 본인이 소리를 지르며 뛰쳐나갔던 사실이 부끄러웠는지 좀처럼 돌아오지 않았다. 20분이 넘어서야 슬금슬금 교실로 돌아왔고, 수업이 끝난 후 수혁이와 마주 앉아 이야기를 나눴다. 그리고 그날은 수혁이 부모님도 함께 자리에 참석해 주시길 부탁했다.

요즘 수혁이의 아빠가 몸이 아파 병원에 입원해 있어 부모님의 돌봄이 부족했고 형과도 사이가 좋지 않아 힘들어한다는 수혁이 어머니의 말씀을 들었다. 어리광 피울 곳 없었던 수혁이가 때론 과격하게, 때론 큰 죄책감을 가진 사람처럼 행동했던 이유가 짐짓 이해가 됐다.

"수혁아. 아까는 선생님 너무 당황했어. 지선이 말만 듣고 너를 혼낼 수는 없잖아. 그래서 수혁이 이야기를 들어보고 싶어서 이야기하자고 한 건데, 선생님께 화를 내고 갑자기 교실을 뛰쳐나가 버려서 너무 놀랐거든. 왜 그랬는지 이유를 말해 줄 수 있니?"

"장난인데 지선이가 그걸 선생님한테 말해서 순간 갑자기 너무 화가 났어요. 진정이 안 돼서 그만..."

"수혁아. 선생님이 수혁이가 감정을 잘 조절할 수 있도록 도와줄 수 있는데, 선생님 믿고 따라와 줄 수 있어?"

"네 선생님."

다행히도 수혁이는 내게 마음을 열어줬고, 매일 수혁이와 하루 동안 있었던 일에 대해 이야기하며 해결하기 어려운 일이 있을 때의 감정과 이를 어떻게 처리해야 하는지에 대해 이야기를 나누었다.

그러던 차에 또 한 번 일이 발생했다. 밤 10시에 지선이에게서 전화가 왔는데, 수혁이가 죽겠다고 했다는 것이다. 이유

인즉 자신에게 고백했는데 받아주지 않고, 친구로 지내자고 하자 그게 속상했는지 죽겠다고 했다는 거다. 겁에 질린 지선이는 나에게 전화를 했고, 나도 너무 걱정이 돼서 수혁이 부모님께 자초지종을 설명하고자 밤늦게 연락을 드렸다.

수혁이는 아빠의 퇴원 이후에도 늘 바쁘신 부모님으로 항상 외로움을 느꼈고, 형과 자주 다투고 싸우면서 자신의 편이 없다는 생각을 많이 했다. 한마디로 사랑이 고픈 아이였다.

진심인지 그냥 하는 말인지, 사소한 일에 죽고 싶다고 말하는 아이를 만나면 깜짝깜짝 놀라곤 한다. 얼른 상담 선생님과 연결해 주기도 하고, 수업 시간에 왜 너는 소중한 사람인지에 대해서도 자주 말해준다. 지금 당장은 큰일이 일어나지 않더라도 자신을 소중히 여기는 생각 없이 어른이 된다는 것은 다시금 어떤 일이 일어날지도 모른다는 것을 의미한다.

학교라는 공간에서만이지만 아이를 책임지는 선생님으로서 자신을 존중하고 사랑하는 아이로 클 수 있도록 끊임없이 눈을 맞추고 이야기를 나누려고 한다. 나아가 아이들이 느끼는 외로움을 이해하려고 노력한다. 교사의 진정한 역할은 아이들의 마음을 어루만지고 그들이 자신을 사랑할 수 있도록 돕는 것일 테니까.

비밀은 지켜줄게

"오후야 학생. 교장 선생님 앞으로."

1994년 봄. 나는 모범 어린이 상을 받기 위해 방송실에서 교장 선생님 앞에 섰다. 아버지가 아프심에도 공부를 열심히 하고 임원으로서 역할도 잘해내고 있어서 담임선생님께서 나를 모범 어린이로 추천해 주신 것이었다. 여기까지는 좋았다. 하지만 그다음이 문제였다.

교장선생님은 갑자기 마이크를 잡고 전교생 앞에서 우리 집 사정을 과장하며 나를 아주 불쌍한 아이로 만드셨다. 눈물 없이는 들을 수 없는 이야기로 나를 칭찬하시고는 나를 향해 대견하다는 표정까지 지으셨다. 그런데 내 마음은 어땠을까?

정말이지 딱 죽고 싶었다. 사춘기가 막 시작될 무렵이었고, 6학년이 되어서는 친구들에게 굳이 내 사정을 말하지 않고 있었다. 그런데 교장 선생님은 내게 물어보지도 않고 내 사정을 방송에 대고 다 말하다니, 한마디로 참담했다.

교실로 돌아와 자리에 앉자 아이들이 나를 측은한 눈빛으로 바라보는 게 느껴졌다. 정말 속상했다. 아버지가 다치신 것이 굳이 감출 일은 아니지만, 전교생 앞에서 말할 일도 아니었다. 나의 인권은 아무도 보호해 주지 않는 기분이었다.

1998년 봄, 고등학교 1학년. 비슷한 일이 또 생겼다. 학교에 교내 장학금이 있었는데, 잘 사는 친구들이 많았던 터라 선생님께서는 내게 장학금을 받을 수 있도록 해주셨다. 역시 여기까지는 좋았다. 하지만 선생님께서는 예민한 여고생의 마음을 헤아리지 못하고, 굳이 반 친구들 앞에서 오후야에게 장학금을 주었다고 말씀하셨다. 왠지 나만 가난한 학생이 된 것 같아 속상했다. 내가 자존감이 높은 사람이었다면 괜찮았겠지만, 당시에는 그렇지가 못했다.

그날 오후 담임선생님을 찾아갔다.

"선생님. 장학금 주신 건 너무 감사드립니다. 하지만 아이들 앞에서 공개적으로 말씀하셔서 조금 위축된 마음이 들었습니다. 다음부터는 조용히 주셔도 될 것 같습니다."

"미안하구나. 선생님이 미처 거기까지 생각하지는 못했구나. 나는 공정해야 해서 그랬단다. 다음부터는 너의 의견을 참고하마."

그 뒤로 장학금을 받게 된 친구들은 모두 조용히 받을 수 있었다.

이 두 가지 사건을 겪고 난 후, 내가 교직 생활을 하며 다짐한 것이 있다. 개인의 사생활을 보호해 주는 것이다. 어쩌면 감추고 싶은 비밀일 수도 있기 때문이다. 학생 본인은 개인적인 사정이라 말하고 싶지 않을 수 있는데, 선생님이라고 해서 함부로 말해서는 안 되기 때문이다.

3학년 담임 시절, 예진이는 배가 아팠는지 화장실에 가는 도중 바지에 큰 실례를 하고 말았다. 당황한 예진이는 교실에 와서 울먹거리며 "선생님 바지에..."라고 말을 하려는 찰나, 나는 다른 친구들이 들을 수도 있겠다고 싶어 얼른 예진이를 데리고 복도로 나갔다. 그리고 학부모님께 연락해서 집으로 가서 뒤처리할 수 있도록 했다. 아이들은 갑자기 돌아오지 않는 예진이를 찾았다.

"선생님. 예진이가 안 들어와요. 어디 갔어요?"

"응. 예진이 보건실에 갔어."

집에 바지 갈아입으러 갔다는 말은 절대 하지 않으려는데, 어떤 눈치 없는 친구가 끼어든다.

"선생님. 방금 보건실 다녀왔는데 예진이 없던데요?"

"아. 잠깐 어디 들렀다가 보건실 가기로 했어. 자자. 우리 수업하자."

집에서 바지를 갈아입고 돌아온 예진이에게는 미리 문자로 친구들에게는 보건실 갔다고 했으니 그리 알고 있으라고 일러두었다.

"예진아. 어디 다녀왔어?"

친구들이 예진이에게 물었다.

"아. 그게. 저기……"

거짓말에 익숙하지 않은 예진이를 위해 내가 끼어들어 "보건실 다녀왔다니까. 뭘 그렇게 묻고 그러십니까~. 그냥 걱정만 해줘. 토닥토닥, 알지?"

물론 예진이는 사실을 말해도 괜찮았을지도 모른다. 하지만 짓궂은 친구가 행여나 놀려서 마음의 상처라도 될까 봐 미리 보호해 준 것이다. 거짓말을 하면 안 되지만, 굳이 말하지 않아도 되는 비밀은 누구나 한 가지쯤은 있는 법이니까.

아이들에게는 각자 말하고 싶지 않은 비밀이 있으며, 그걸 지켜주는 것이 아이들의 자존감을 보호하고, 마음의 상처를 입지 않도록 도와주는 방법이다. 아이들의 비밀을 소중히 여겨주고 지켜주는 것이야말로 자신이 존중받고 있다고 느끼게 하며, 더 나아가 타인의 비밀도 존중할 줄 아는 성숙한 어른으로 자라는 첫걸음이 된다. 내가 아이들에게 할 수 있는 최소한의 배려이자 다짐이다.

나의 선생님

"여러분. 이 시를 읽고 느낀 점을 발표해 볼까?"

선생님이 물으셨다.

"또 오후야뿐이야? 다른 친구들도 발표해 보는 게 어때?"

1993년 여름 초등학교 5학년 교실. 나는 또 손을 번쩍 들었다. 아이들은 저학년 때는 "저요! 저요!"를 외치며 한 번이라도 더 발표하려고 애를 쓰는데, 고학년이 되면 마치 약속이라도 한 듯 절대로 손을 들지 않는다. 새삼 발표의 공포감이라도 찾아오는 걸까. 그 덕분에 언제나 발표는 유일하게 손을 드는 내 차지였다.

아버지 사고가 있었던 이듬해 나는 5학년이 되었고, 힘들어 하시는 부모님을 위해 내가 당장 할 수 있는 거라고는 공부뿐이었다. 방과 후 학원도 다니지 않았던 나는 하교 후 늘 나를 맞아주시던 어머니가 병원에 가고 없는 외로움을 떨치기 위해서라도 무언가를 해야만 했다. 매일 학교에 다녀온 뒤 전과(참고서)를 펴서 예습하는 것이 나의 일과였다.

미리 예습하고 학교에 간 탓에 늘 발표를 잘할 수 있었고 나를 주목해 준다는 짜릿함 덕분에 공부가 막 재미있어지려는 순간이었다. 그리고 그해 내 인생의 선생님을 만났다.

5학년 담임 선생님은 내가 지금껏 만났던 선생님들과 매우 달랐다. 착한 일을 하면 우리들에게 도장이 찍힌 작은 쿠폰을 주셨고, 쿠폰을 일정 개수만큼 모으면 선물을 주셨다. 지금은 칭찬 통장이나 쿠폰을 흔히 볼 수 있지만, 당시에는 전에 없던 매우 신선하고 획기적인 활동이었다. 한 반에 학생이 지금처럼 25명 내외가 아니라 60명 정도였고, 그 많은 아이에게 칭찬 쿠폰을 챙겨준다는 것은 정말 쉽지 않은 일이었다. 게다가 수업 이외 다양한 활동이 많지 않았던 시대였으므로 담임 선생님은 마치 미래에서 오신 분 같았다.

칭찬 쿠폰이 진정한 내적 동기를 유발하는 것은 아니지만, 내게는 충분했다. 요즘이야 아이들이 사고 싶은 물건을 마음껏 살 수 있을 만큼 물질적으로 풍족하지만, 그때만 해도 형제도 많고 사고 싶은 학용품을 마음껏 사는 사치는 누구나 쉽게 누리기 어려운 일이었다. 그런데 학교에서 열심히 그리고 착한 일을 하기만 하면 학용품이 생긴다니, 이보다 더 신나는 일이 있을까. 가정 사정으로 공부에 매진할 수밖에 없었던 나에게 학교생활은 힘든 일을 잊게 할 만큼 즐거웠다.

어느 날은 복도에서 어머니와 이야기를 나누는 선생님이 보였다. 선생님은 어머니의 이야기를 듣고는 뺨에 흐르는 눈물을 연신 닦고 계셨다. 어머니는 선생님께 그동안 내가 혼자 밥을 해먹고, 혼자서 숙제하고, 매우 기특하게 생활하고 있음을 말씀드리는 것 같았다. 어머니가 다녀간 뒤 선생님께서는 반 아이들에게 내가 상처받지 않을 만큼, 내가 용기 낼 만큼, 잘 정돈된 내용으로 나의 사정에 관한 이야기를 꺼내셨다.

반 친구들은 모두 열린 마음으로 나를 응원해 주었다. 전에도 좋았던 선생님이었는데 어머니가 다녀간 이후로는 더 신경을 써주시는 게 느껴졌다. 어느 날은 공부를 열심히 하는 내가 기특했는지 문제집을 몰래 사다 주시기까지 했다. 공부를 왜 해야 하는지를 알려주셨고, 공부하는 방법까지 손수 쓰셔서 코팅까지 해서 나눠주셨다. 나는 그 코팅 종이를 지금까지도 가지고 있다.

6학년 졸업식 때는 담임선생님이 아니었음에도, 나를 따로 불러 두꺼운 앨범 케이스를 선물로 주며 카드를 써주셨다.

'오후야. 열심히 공부하고, 너의 앞날을 응원한다.'

초등학교 졸업 이후 중학생이 된 나는 비타민 음료를 들고 다른 친구와 함께 선생님 댁을 방문한 적이 있다. 우리를 따뜻하게 맞아 주셨던 선생님. 온돌로 따뜻하게 데워진 아랫목에서 이불을 덮고 이야기를 나눴던 순간이 생각난다. 그런데 정신없었던 학창 시절이 끝나고 선생님을 다시 찾아뵈어야겠다는 생각이 들었을 때는 소식을 들을 길이 없었다.

비록 그 이후로 다시 찾아뵙지는 못했지만, 늘 아이들과 함께할 때마다 그때의 선생님을 생각한다. "나의 선생님"께 받았던 따뜻한 사랑을 내가 만날 아이들에게도 그대로 전해주고 싶다는 마음을 간직한 채 말이다. 잘 가르치는 것 이상으로 마음을 주는 교사이고 싶다.

따뜻한 말 한마디

 중학교 3학년 시절, 담임 선생님은 정말로 다정한 분이셨고 무엇보다 예뻤다. 그 시절 중학교 선생님들은 대부분 엄격하고 별로 웃지도 않으셨는데, 우리 담임 선생님만큼은 유독 반달 같은 눈으로 아이들을 따스하게 바라봐 주셨다. 잠깐 옆으로 새는 얘기를 하자면, 선생님이 잘 웃게 되면 아이들은 수업에 잘 집중하지 않는다. 안 웃는 것도 선생님의 전략이다.
 도덕을 가르치는 분이시라 그런지, 정말 법 없이도 살 만큼 선하고 친절한 분이셨다. 중학교 선생님이 이렇게 다정할 수 있다니 조금 충격을 받았다고나 할까. 수업도 어찌나 귀에 쏙쏙 들어오게 차분하게 잘 설명해 주시는지, 무서운 분위기를 형성한다고 해서 긴장하며 수업을 잘 듣는 것이 아니라는 것을 알려주신 분이었다. 늘 다정하게 "오후야."라고 불러주셨던 음성을 아직 잊지 못한다.

중3 담임선생님처럼 예쁘진 않아도, 나 역시 다정한 사람이 되고 싶다고 늘 생각한다. 정확히 말하자면, 다정한 말을 해주는 선생님이고 싶다. 그래서 내가 담임을 맡는 반의 급훈도 꽤 여러 번 "예쁘게, 다정하게 말하자."로 정하기도 했다. 그리고 추가로 "힘내!"라는 말을 자주 해주는 선생님이고도 싶다.

『최소한의 이웃』(허지웅 지음, 2022년 출간)에서 인상적인 문장을 읽은 적이 있다.

"힘내라는 말을 들을 때면 생각합니다. 더 이상 끌어모을 힘이 남아 있지 않아 주저앉고 싶었으나 안간힘을 다해 다시 일어나 밥벌이에 나섰던. 힘겨운 반복 안에서 끝내 스스로를 증명할 수 있었던 누군가가 마음을 다해 그 힘과 운을 타인에게 빌어주고자 하는 마음을 말입니다."

타인에게 빌어주는 진심 어린 응원은 전해지리라 믿기에 나는 여전히 아이들에게 "힘내!"라는 말을 자주 한다. 초등학교 5학년 시절 담임이셨던 나의 선생님께서 응원해 주셨던 격려의 한마디가 내게 살아가는 큰 힘이 된 것처럼 말이다.

나의 한마디로 아이들 인생의 전부를 바꾸지는 못하겠지만, 힘들 때마다 마음 한구석에 자라나는 위로의 새싹이 되었으면 좋겠다.

때로는 별생각 없이 지나가며 했던 말이 아이에게 깊은 인상을 남길 때가 있다. 언젠가 6학년 담임을 맡았을 때 만났던 기범이에게 "너 지난번보다 시험 잘 봤더라. 열심히 하더니 축하해."라고 쓰윽 말했는데, 기범이에게는 그 말이 잊히지 않았나 보다. 나중에 기범이가 내게 말했다.

"선생님께서 열심히 한 걸 알아주셔서 너무 감사했고, 더 열심히 공부하게 되었어요."

잘했다는 칭찬도 좋았겠지만, 자신의 노력을 알아봐 주고 관심을 가져준 것이 더 감사했으리라. 기범이의 말을 들었을 때 오히려 나야말로 얼마나 감사했는지 모른다.

툭 던진 한마디는 이렇게 아이 스스로 가야 할 길을 선명하게 만들어준다. 늘 지켜보면서 그들의 가능성과 노력을 믿어주는 말을 건넨다면, 아이들은 자신의 삶을 잘 개척하리라.

말 한마디의 소중함을 알기에 여전히 책을 뒤적이며 기억에 남을 만한 좋은 문장을 찾고 필사를 한다. 그리고 일기장이나 생일 선물에 명언을 붙여주기도 하고, 글쓰기 노트에 멘트를 남기기도 한다. 하지만 결국 좋은 글귀나 명언보다 가슴에 남는 것은 아이의 상황을 진심으로 공감해 주는 말이다.

사실 나 역시 아이들과 학부모님들에게서 듣는 말 한마디에 굉장히 큰 힘을 얻는다. 아파서 학교에 오지 못한 다음날, 반 아이가 선생님이 너무 보고 싶었다는 쪽지를 내밀었을 때, 선생님이 지금까지 만난 선생님 중에서 제일 좋다고 말해줄 때, 교문 앞에서 만난 반 아이의 학부모님이 우리 아이가 선생님을 너무 좋아한다는 말을 해줄 때, 학기말 겨울 방학식 날 헤어짐을 아쉬워하며 감사하다는 메시지를 보내줄 때, 반 아이들에게 늘 하게 했던 하교 인사 멘트 "나는 날마다 모든 면에서 점점 나아지고 있다."를 기억했다가 캘리그래피로 손수 써서 선물 주셨던 학부모님의 정성을 보았을 때, 선생님의 교육 철학을 전적으로 지지한다는 메시지를 받았을 때, 그때마다 힘들었던 모든 여정이 다 잊혀진다.

"참으로 감사했습니다."

사람과 사람 사이에 오롯이 큰 힘을 발휘하는 것은 오직 말 한마디다.

선생님 경시대회

　5월 15일, 스승의 날. 교사 메신저로 한 통의 메시지가 도착했다. 13년 전 제자, 주현이었다. 주현이도 같은 지역에 초등학교 교사로 발령받아 근무하고 있다는 소식을 이미 들어 알고는 있었다. 내가 가르친 제자가 선생님이 되다니, 기분이 묘하기도 하면서 또 힘들진 않을까 걱정이 되기도 했다. 오늘 스승의 날이라 메시지를 보냈구나 싶어 기쁜 마음으로 읽어 보았다.

　선생님 ~^^ 안녕하세요. 저 주현이에요. 스승의 날이라 선생님 생각이 나서 연락드렸어요.

제가 올해 6학년 담임을 하면서 선생님께서 얼마나 힘드셨을지 더 생각이 나더라고요. 사춘기가 온 소년, 소녀들이 너무나도 어려워요. 저희 반은 지금 15명이지만 그 당시에는 거의 30명 정도에 엄청난 친구들이 많았으니....

저는 선생님과 J 선생님 덕분에 이렇게 교사를 하고 있는 것 같아요. 선생님들께서 따뜻하게 지도해주시고, 항상 잘 챙겨주시고, 선생님들이 너무나도 멋있어 보여서 교사의 꿈을 꿨던 것 같아요. 힘드셨을 텐데 항상 큰 사랑으로 지도해 주셔서 정말 감사했습니다.

아직도 기억에 남는 일이 있는데 언젠가 '선생님 고사'를 봤는데 그때 문제가 '선생님이 일어나자마자 하는 일은?'이었는데 그때 정답이 '알람을 끈다.'였어요. 그런데 그걸 틀려서 그런지 지금 제가 26살인데도 그것만큼은 또렷하게 기억이 나요. 하하.

즐거운 추억 가득 만들어주셔서 감사했습니다. 항상 건강하시고 스승의 은혜 감사드립니다. 행복한 하루 보내세요.

정말 행복한 메시지였다. 담임선생님을 바라보며 선생님에 대한 꿈을 키웠다니, 주현이가 행복한 교직 생활을 해야 할 텐데 내심 책임감이 든다. 참고로 J 선생님은 내 남편이다. 주현이의 5학년 담임이 내 남편이었고, 6학년 담임이 바로 나였다. 참으로 큰 인연이다.

그런데 선생님 고사? 나도 모르게 빵 터져 웃음이 터져 나왔다. 사실 이 메시지를 읽는 순간, 아이들과 함께 '선생님 경시대회'를 보고 있었다. 나는 13년 전이나 지금이나 변함이 없구나 싶어 웃음이 났다.

선생님 고사 즉, '선생님 경시대회'는 선생님에 관한 시험이다. 요즘은 스승의 날이 오히려 선생님에게 부담스러운 날이 되었지만, 나는 이날을 선생님에 대해 더 알아보는 날로 정하고 '선생님 경시대회'를 연다. 마음을 터놓으려면 서로에 대해 더 잘 알아야 한다는 취지다. 아이들을 관찰하고 그들의 이야기를 듣는 것도 물론 중요하지만, 가끔은 아이들에게 나를 이해할 기회를 주는 것도 참 의미 있다고 생각한다.

주현의 메시지를 보니 이런 생각이 더 굳어졌다. 교사 커뮤니티에서 본 문제를 참고하여 평소에 내가 하는 말을 잘 귀담아들으면 풀 수 있는 문제로 구성하는데, 읽으면 흐뭇해지는 문제도 많다. 이를테면, 이런 문제들이다.

1. 선생님이 현재 있는 곳은 어디인가요?
①너의 마음속 ②미국 ③우리 반 교실 ④운동장 ⑤화성

2. 선생님은 우리 반을 얼마만큼 사랑하실까?

①우주만큼 ②모기만큼 ③선생님 발 치수만큼 ④개미 눈곱만큼

3. 선생님이 나를 사랑하는 이유를 3가지 적어보세요.

4. 선생님이 어제 도덕 시간 마지막에 손뼉을 치며 했던 말은 무엇인가요?

선생님 경시대회의 문제는 아이들도 웃으면서 즐겁게 풀고, 선생님의 사랑과 애정도 함께 느낄 수 있도록 한다. 채점한 후에는 1~3등인 친구에게 상을 주고, 재치 있는 답변을 한 친구에게도 상을 준다. 그래서 아이들은 모두 '선생님 경시대회'를 아주 진지하게 본다. 그리고 시험이 끝난 후에는 한층 더 서로를 잘 아는 가까운 사이가 된다.

주현이의 메시지는 따로 보관하고 싶어 사진으로 찍어두었다. 내가 했던 이런 작은 이벤트가 이렇게 오래도록 기억에 남는다는 사실이 새삼 감사하다. 어떤 책에서 보았던 문구처럼 기억은 몸에 새겨진다. 앞으로 만날 아이들에게도 주현이처럼 훗날 나의 사랑을 미약하게나마 떠올릴 수 있는 기억의 한 조각으로 '선생님 경시대회'가 남아있었으면 좋겠다.

내년에는 또 어떤 문제를 만들어 볼까?

우리 반만의 대회

 요즘은 교내 대회가 많이 사라졌다. 생활기록부에도 남기지 않는다. 사교육을 조장할 수 있으며 상을 받지 못하는 아이들에게 좌절감을 줄 수 있다는 이유 때문이다. 하지만 어린 시절 상을 받는 기쁨은 그 무엇보다도 크다. 그래서 나는 우리 반 아이들 모두가 1년에 꼭 한 번은 상을 탈 수 있도록 우리 반만의 대회를 연다.

 대회 종목은 모두가 상을 받을 수 있도록 아이들의 재능과 특기가 잘 드러나는 분야로 한다. 아이들이 자신의 꿈을 향해 나아갈 수 있도록 작은 용기와 희망을 줄 수 있기를 바라면서 말이다. 그리고 학기 말에는 모든 이들에게 자신의 특성에 맞는 칭찬을 곁들인 상장도 준다. 그러면 한 해 동안 담임선생님으로부터 상장을 두 개 받는 것이 된다(학교가 정식으로 주는 것이 아니라는 문구를 상장에 꼭 넣는다.). 해마다 대회를 연 것은 아니니 "선생님 우리 때는 안 했잖아요." 서운해해도 어쩔 수 없다. 매년 같은 활동을 할 수는 없으니까.

상을 시상하기 전 아이들에게 꼭 지도하는 것이 있다. 바로 "진심으로 축하하자."는 것이다. 친구가 잘될 때 진심으로 기뻐해 주는 친구가 진짜 친구다. 그래야 나의 성공도 진정으로 축하받을 수 있다. 그리고 이번에 상을 못 받은 아이들에게도 우리의 도전은 계속될 것이니 포기하지 말자는 얘기도 꼭 한다. 그러면 아이들은 한 명도 빠짐없이 진심으로 축하해 준다. 미래에 자신이 상을 받을 모습을 상상하며 교실이 떠나가도록 손뼉을 쳐준다. 이런 모습을 볼 때 아이들이 참 귀엽고 예쁘다.

개최되는 대회는 바른 글씨 쓰기 대회, 줄넘기 대회, 공기 대회, 글짓기 대회, 독후감 쓰기 대회, 캐릭터 그리기 대회 등이다. 글, 그림, 운동 등 아이들의 특기와 적성을 학기 초 미리 파악하고 준비하는데 중간중간 원하는 대회가 있으면 추천도 받는다.

평소에는 글씨가 하늘로 날아가듯 춤추듯 하는 아이도 바른 글씨 쓰기를 대회를 하는 때만큼은 최선을 다한다. 왜냐하면 진짜 글씨를 잘 써서 받는 상도 있지만, 이전보다 나아진 아이를 위한 발전상도 있기 때문이다. 그리고 개성 있는 독특한 글씨체 분야도 있다. 대회 전 각자 자신이 도전할 분야를 선택하는데, 이 또한 전략적으로 잘해야 승산이 높다는 것을 배운다.

심사는 다른 반 선생님들의 도움을 받아 공정하게 한다. 모든 분야에서 두각을 나타내지는 못해도 가능성이 보이는 아이들은 나중에 꼭 상을 챙겨주는 것도 잊지 않는다. 대회의 목적은 자존감 높이기와 활동에 긍정적인 마음을 갖도록 하는 것이니까.

공기 대회는 전통놀이로서 핸드폰만 가지고 노는 아이들에게 새로운 놀이에 집중할 수 있는 기회를 준다는 점에서 거의 매년 했다. 공기 대회를 열기 두 달 전부터 공깃돌을 나눠주면 아이들은 쉬는 시간마다 교실 바닥에 자리를 잡고 열심히 연습한다. 몰입을 하는 친구도 있는가 하면, 금세 안 된다고 포기하는 친구도 있다. 하지만 다른 친구들이 열심히 하는 모습을 보고서는 또 다시 용기를 낸다.

두 달 동안의 치열한 노력 끝에 벌어지는 대회라 승부가 치열하다. 참여자가 많으면 토너먼트로 진행하기도 한다.

"애들아! 드디어 대진표를 발표하겠습니다. 지금부터 같이 뽑히는 친구들이 짝이 되는 겁니다."

아이들은 두근거리는 마음으로 자신의 첫 경기 상대가 누가 뽑힐지 지켜본다. 자신보다 강한 친구가 나오면 실망하기도 하고, 자신이 이길 것 같으면 좋아하는 표정이 여실히 드러난다. 그리고 공기놀이 대회의 규칙도 설명해 준다. 세심하게 규칙을 정하지 않으면 자칫 싸움이 날 수 있기 때문에 일명 바구니(공깃돌을 다른 손에 옮기는 행위)가 되는지까지도 정해준다.

여러 번의 토너먼트를 거쳐 결승전까지 오면 반 아이 모두가 몰려들어 과연 누가 이기는지 숨죽여 지켜본다. 직접 경기에 임하는 친구들은 얼마나 떨릴까. 마치 본인들이 국가를 대표하는 스포츠 선수가 된 것처럼 비장한 표정으로 임한다. 그리고 경기가 끝날 때의 그 후련한 표정이란.

우리 반만의 대회가 아이들이 각자 자신이 갖고 있는 귀한 재능을 발휘하고, 작은 성공의 기쁨과 도전의 즐거움을 느끼고, 서로의 성장을 응원하는 기회가 되었으면 좋겠다.

학교라는 곳에서 아이들이 미리 자신감을 얻고 사회에 나갈 수 있기를 그리고 함께 웃고 울 수 있는 이 순간들이 쌓여 더 큰 세상에서도 용기와 희망을 품고서 살아갈 수 있기를 바란다.

엄마가 없는 사람은 없어

 아버지와 단둘이 사는 석현이는 아버지가 지방으로 멀리 일을 가시면 따로 챙겨주는 사람이 없어 지각을 자주 했다. 하지만 절대로 학교에 빠지는 일은 없었다. 다만 부모님께서 챙겨 주시는 게 아니다 보니 준비물을 자주 잊곤 했다.

 여러가지로 마음이 쓰이는 아이지만, 이런 일에 크게 속상해하지 않는 것 같았다. 친구들과도 잘 어울렸다. 하지만 활짝 웃는 얼굴 대신 늘 뭔가 세상을 다 아는 듯한 애어른 같은 웃음이 있었다. 이를테면 '허허허' 하는 웃음이어서 가끔 나의 마음을 찌릿하게 했다. 그 옛날 아버지가 다쳤을 때 사람들이 나를 보고 애어른 같다고 했는데, 이런 느낌이었나 싶었다. 부모님이 서울 병원에 있으신 동안 나는 어떻게 준비물을 챙겨 갔나 기억을 되짚어보면, 석현이를 잘 혼낼 수도 없었다.

하루는 석현이가 9시가 되도록 등교를 하지 않았다. 전화를 걸어보니 받지를 않았다. 걱정되는 마음 한편으로는 늦잠을 자고 있겠거니 했다. 그러다 1교시가 끝나고 다시 전화를 걸었는데도 받지를 않았다. 살짝 불안한 마음이 들었다.

'대체 무슨 일이지?'

아무리 지각을 해도 이렇게까지 늦은 적이 없는 아이였다. 3교시가 끝나도록 계속 전화를 받지 않자, 정말 무슨 일이 생긴 건 아닌지 별의별 걱정이 다 되었다. 교감 선생님께 말씀을 드리고, 옆 반 선생님과 함께 아이 집으로 달려갔다. 제발 별일 없길 바라며 두근거리는 마음으로 석현이 집으로 뛰었다.

"띵동."

초인종을 눌렀다. 하지만 대답이 없었다.

'대체 어디 간 걸까……?'

계속 초인종을 누르며 혹시나 하는 불길한 예감을 떨치지 못하고, 떨리는 목소리로 석현이의 이름을 여러 번 부르고 문을 두드렸다. 계속해서 기척이 없었다. 집에 아무도 없는 것 같았다. 하지만 혹시나 하는 마음에 떨리는 심장으로 계속해서 문을 두드렸다.

그러기를 수차례, '철커덕' 문이 열렸다.

'사람이 있었어?'

이윽고 고개를 내민 사람은 석현이 아버지였다.

"어머, 석현이 아버님 되시죠? 안녕하세요. 석현이 담임입니다."

"아이고 선생님. 어쩐 일이십니까?"

갑자기 집으로 찾아온 아들의 담임 선생님을 보고 적잖이 당황한 모습이었다.

"네 아버님. 석현이가 지금 11시가 되도록 학교에 오질 않아서 걱정되어서 찾아왔어요."

"아이고 죄송합니다. 선생님."

석현이 아버님은 연신 고개를 주억거렸다. 너무 죄송해하는 모습에 내가 단잠을 깨운 것 같아, 더 면목이 없을 정도였다.

그때 뒤에서 석현이가 "아빠 핸드폰 전원이 꺼져있어."하며 눈을 비비고 나왔다.

"제가 어제 늦게 와서 아이와 이야기를 좀 나누고 잤는데 알람이 안울려서…… 죄송합니다. 선생님."

"아니에요. 석현이가 걱정되었는데 자고 있었다니, 다행이네요. 그럼 석현아. 얼른 준비하고 학교에 와. 아버님 안녕히

계세요."

인사를 나눈 뒤 가벼운 발걸음으로 학교로 돌아왔다.

'무사해서 다행이다.'

아이가 혼자 자는 중에 무슨 일이라도 생겼을까 봐, 혹시나 아파서 못 일어 났을까 봐 많이 조마조마했다. 석현이는 씻고 부랴부랴 학교에 왔다. 역시나 살짝 머쓱한 표정을 지었지만, 그다지 별일 아니라는 듯 친구들과 만나 인사를 하고 점심을 먹었다.

늘 쑥스러워하며 순수한 얼굴로 조금의 미소만 짓고, 아이들이 놀려도 '하지 마.' 한마디만 하고 웃으며 넘기던 애어른 같던 석현이.

그런 석현이가 하루는 너무 속상한 듯 울상을 하고는 찾아왔다. 얼굴이 곧 울 것 같은 표정이었다.

석현이 뒤로 수정이가 굉장히 미안해하는 표정으로 뒤따라왔다. 분위기를 봐서 수정이가 뭔가 큰 잘못을 한 모양이었다.

"선생님. 제가 석현이한테... 너 엄마 없잖아, 그랬어요. 알아요, 제가 잘못한 거. 그래서 미안하다고 사과했어요. 정말 죄송합니다. 석현아, 진짜 미안해."

석현이는 이미 마음이 많이 다친 기색이었다. 수정이를 꾸짖는 게 석현이 마음을 더 다치게 하지는 않을까 염려하며 한

마디만 했다.

"수정아. 세상에 엄마 없는 사람이 있을까? 석현이가 이 세상에 있는 걸?" 수정이는 내 말을 이해한 듯 끄덕이며 다시 한번 사과를 하고 자리로 돌아갔다.

"석현아. 세상에 엄마 없는 사람은 없어. 석현이가 이 세상에 태어났다는 건 엄마가 있다는 뜻이야. 그러니까 다음부터는 그 말을 듣고 상처받지 마. 알았지? 엄마는 누구나 있어. 다만 피치 못할 사정으로 일찍 헤어졌을 뿐이야. 그러니까 없다는 말은 틀렸어. 맞지?"

석현이는 그제서야 눈물을 흘렸다. 애어른 같았던 석현이가 제 나이를 찾은 모습이었다.

나는 석현이의 어깨를 토닥이며 말했다.

"울고 싶을 때는 마음껏 울어도 돼. 네 감정을 숨기지 않아도 괜찮아."

애어른 같아 보이는 의젓한 아이도 알고 보면 어린아이일 뿐이다. 아이들은 각자 나이에 맞는 어리광을 피우며 마음껏 자신을 표현하며 살아야 한다.

그 나이에 맞는 참음과 견딤을 넘어서면 철이 들었다고 한다. 나는 갑작스런 아빠의 사고로 의도치 않게 일찍 철이 들었다. 종종 내가 걱정이 많고 불안한 마음이 올라오는 건 내 나이에 맞는 어리광을 부리지 못한 당시의 공백 때문은 아닐까, 생각해 본다.

  석현이뿐만이 아니라 모든 아이가 자기 나이에 맞는 어리광을 마음껏 부리면 좋겠다. 어른스러운 모습 뒤에 숨겨진 어린 마음을 감추지 말고 적어도 선생님에게는 마음껏 보여주면 좋겠다. 그리고 앞으로 만날 또 다른 좋은 어른들에게도 말이다.

돈을 훔치는 아이

"선생님 제 핸드폰 케이스에 넣어둔 만 원이 없어졌어요."

"잘 찾아봤니? 혹시 다른 데에 둔 건 아니고?"

"아니에요. 분명히 여기 넣어뒀는데, 1교시 쉬는 시간까지 있었던 게 지금은 사라졌어요."

"다른 곳에 둔 건 아닌지 다시 한 번 찾아보고, 혹시 바닥에 떨어져 있는지 살펴보자. 애들아, 혹시 돈이 떨어져 있으면 선생님께 꼭 말해줘."

결국은 찾지 못했다. 그리고 일주일이 지나지 않아 또 다른 친구의 오천 원짜리 지폐도 사라졌다. 그 아이는 집에 두고 온 것 같다며 넘어갔지만, 결국 다음 날 집에서도 찾지 못했다고 했다. 아이는 속상해했으나 자신이 잘 간수하지 못한 것 같다며 대수롭지 않게 넘어갔다.

그러나 나는 두 번째 사건이 일어나면서 뭔가 심상치 않음을 느꼈다. 하지만 그렇다고 해서 아이들 가방을 뒤질 수는 없는 노릇이었다. 아이들도 함부로 친구를 의심할 수 없고, 나 역시 우리 반 아이들을 의심하고 싶지 않았다.

며칠 뒤 이번에는 내 책상 위에 올려져 있던 천 원이 사라졌다. 그 천 원은 우리 반 아이가 바닥에 떨어져 있다며 나에게 주인을 찾아달라고 가져온 돈이었다. 아이들에게 혹시 돈을 잃어버린 친구가 있는지 물었고, 금액이 얼마인지는 알려주지 않았었다. 혹시나 잃어버린 사람이 여럿일 경우를 대비해 금액이 맞아야만 돌려주는 것이 우리 반 규칙이었다.

그런데 2교시 수업이 끝나고 화장실을 다녀오니 그 돈이 감쪽같이 사라져 버린 것이었다. 순간 뭐라 말할 수 없을 만큼 화가 났다. 선생님 책상 위에 있는 돈을 손댄 것도 화가 났지만, 이제는 분명 우리 반의 누군가가 훔쳐간 것이 확실하다는 것이 입증되었기 때문이었다.

아이들에게 모두 눈을 감으라고 한 뒤 종이를 한 장씩 나누어 주었다. 혹시 자신이 가져갔다면 솔직하게 쓰라고 말했다. 범인 한 명만 쓰면 금방 범인이 누구인지 티가 나므로, 모든 아이들에게 가져갔는지 가져가지 않았는지 각자 적게 했다.

종이를 모두 걷고 나는 실망하고 말았다. 모두가 '가져가지 않았다'라고 적었다. 분명 우리 반 교실에는 우리 반 아이들 외에 다른 반 친구들은 들어온 적이 없었고, 교실을 샅샅이 뒤졌지만 천 원은 끝내 나오지 않았다.

아이들에게, 혹시 마음이 바뀌면 꼭 선생님에게 와서 솔직하게 말하라고 했다. 그럴 땐 선생님도 기꺼이 용서해줄 거라고 말했다. 그날 밤은 잠이 오질 않았다. 돈을 훔치는 일은 결코 가벼이 넘길 수 없는 일이다. 반드시 바로잡아야 할 문제였다.

며칠 뒤, 제대로 일이 터졌다. 한 아이가 미술 시간, 미술 작품의 물감을 말리기 위해 교실 뒤 사물함 위에 작품을 올려두고 가는 길에 자신의 지갑을 잠시 사물함에 두었는데, 친구와 잠시 이야기 나누는 몇 분 사이에 지갑이 감쪽같이 사라졌다는 것이었다. 나는 재빨리 사물함 근처에 있는 친구 다섯 명을 눈여겨보았다. 그리고 아이들에게 외쳤다.

"애들아, 앞문, 뒷문, 다 닫아. 그리고 자리에 앉아 눈 감아. 너희도 알다시피 지금까지 도난 사건이 총 네 번 있었어. 오늘은 지갑이 통째로 사라졌지. 얼마 전에는 누군가 선생님 책상 위의 돈까지 손을 댔고. 너희 인생에서 남의 물건을 훔치는 건 절대, 절대 해서는 안 되는 일이야. 모두 눈을 감아. 절대 눈을 뜨면 안 돼. 그리고 정말 애석하게도, 선생님이 가방을 모두 확인할 거야. 그전에 선생님께 사실을 말하고 싶은 친구가 있다면, 조용히 눈을 떠서 나를 봐. 정말 마지막 기회야."

아무도 눈을 뜨지 않았다.

"아무도 눈을 뜨지 않았구나. 선생님 마음이 너무 슬프다. 그럼 지금부터 선생님이 가방을 확인하도록 할게. 잠깐 눈을 뜨고 자신의 가방을 책상 위에 올려두렴."

그 순간 여자아이 두 명이 소리쳤다.

"선생님, 저희 모둠 자리 바닥에 지갑이 떨어져 있어요!"

"와, 선생님! 제 지갑 맞아요! 찾았어요! 제가 여기에 떨어뜨렸나 봐요."

다행히 아이는 반 친구들을 의심하지 않았다. 나 역시 아이들 앞에서 누군가를 도둑으로 만들고 싶지는 않았다. 앞으로의 학교생활을 위해서도 그러면 안 되기도 했고, 서로 믿지 못하는 분위기의 교실을 누구도 원하지 않기 때문이었다.

나는 지갑을 발견한 두 친구를 눈여겨보았다. 그리고 아까 사물함 근처에 있었던 아이와 겹치는 아이 한 명을 눈여겨보았고, 미세하게 떨리는 눈빛을 포착했다. 그 아이는 내 책상 옆에서 서성거리는 모습을 자주 보이기도 했다. 선하였다.

어른의 직감. 뭐 그런 거였을까.

다음 시간, 아이들이 모두 영어실로 이동하기 전 나는 조용히 선하를 불렀다. 어떻게 질문을 해야 아이가 나에게 솔직할 수 있을까 고민했다. 행여 내가 잘못 짚어 아이에게 상처를 주지는 않을까 고심하며 할 말을 고르고 골랐다.

"선생님한테 할 말 있지 않아?" 웃으면서 물었다.

"없는데요?"

"아니야 있을 거야. 잘 생각해봐." 눈빛이 흔들리는 것을 느꼈다. 확신을 얻었다. 나는 이 순간을 놓치지 않고 선하에게 말했다.

"선생님한테 지금 이야기해야 해. 그래야 선생님은 너를 믿고 다시 기회를 줄 수 있어. 그리고 꼬리가 길면 잡힌다는 속담 알지?"

갑자기 선하는 엉엉 울기 시작했다. 그리고 그제야 마음속 말을 조금 더 꺼냈다.

"죄송해요, 선생님. 용돈이 부족했어요. 친구들과 사 먹고 싶은게 있는데 엄마가 군것질을 못하게 해서 그랬어요."

선하의 어머니께 전화를 걸었다. 그간의 사건을 이야기한 뒤, 아이의 생활 지도를 직접 부탁했다. 민감한 문제는 나보다 부모님과 허심탄회하게 터놓고 이야기하는 것이 더 나을 거라고 판단했다.

"어머니께서 지도해주시는게 아이에게 더 좋을 것 같아요. 지금 바로 집으로 보내겠습니다. 친구 관계를 위해서 친구들에게는 아파서 집에 갔다고 하겠습니다. 잘 타일러 주세요."

"선하야. 지금 집에 바로 가렴. 어머니께서 너와 이야기하실 거야. 그리고 이번에는 너의 학교생활을 위해서 친구들에게는 비밀로 해줄게. 다만 같은 일이 반복되면 더 이상 기회는 주지 않을 거야. 알지? 절대 남의 물건이나 돈에 손을 대서는 안 돼. 하지만 선생님은 이번 기회로 다시는 네가 다른 사람 돈에 손을 안 댈 거라고 믿어. 선생님이 믿어도 되지? 친구들에게는 아파서 집에 갔다고 말할 테니, 오늘은 어머니와 이야기하고 스스로 반성하고 오도록 해. 내일 보자."

그 뒤로 어떻게 됐을까? 당연히 다시는 돈이 사라지는 일은 일어나지 않았다. 내가 해결한 방법이 늘 정답일 수는 없고 정답인지도 모르겠다. 지금 비슷한 일이 발생한다면 내가 할 수 있는 최선이 무엇일까? 언제나 그렇듯 최선을 다해서 문제를 해결하려고 노력하는 것밖에 없다.

그동안 아이들의 눈빛을 오래도록 보아왔다. 내 직감이 틀릴 수도 있고 맞을 수도 있다. 다만 확신을 얻었다면 과감하게 지도해야 한다.

　선하가 올해뿐만이 아니라 앞으로도 절대 남의 물건에 손을 대지 않는 아이로 자라나기를 바랄 뿐이다. 잠시 있었던 실수였으리라 믿는다. 선하가 이번 일을 통해 자신을 돌아보고 바르게 성장하는 기회를 얻었기를 진심으로 바란다.

우리들의 교실 슈퍼마켓

 학급에서 정한 규칙을 잘 지키면 도장을 찍어 주는 칭찬 통장이 한참 유행한 적이 있다. 나도 비슷하게 '자기 주도성 향상을 위한 체크리스트'라는 것을 만들어 아이들과 함께했다. 아이들이 과제를 잘해 오거나, 시간 맞춰 등교할 때, 발표를 잘하거나, 친구들과의 협동이나 착한 일을 하면 체크리스트에 동그라미를 그리게 했다.
 동그라미의 개수는 화폐 기능을 한다. 즉 동그라미 한 개가 화폐 1달러가 되는 셈이다. 이 화폐를 모아 우리 반 교실 슈퍼마켓에서 물건을 살 수 있다. 슈퍼마켓이라고 이름은 붙였지만, 바구니 몇 개에 학용품과 간식 등을 소소하게 준비해 둔 정도다. 아이들은 가격을 보며 물건을 고를 수 있다. 그리고 화폐를 더 모으고 싶은 친구들은 일일 봉사 활동을 통해 더 벌 수도 있다.

아이들은 쉬는 시간마다 슈퍼마켓을 구경하며 착한 일, 좋은 일을 더 많이 하고자 노력했다. 내적 동기 유발에 결정적인 영향을 미쳤는지는 잘 모르겠지만, 아이들은 이 활동을 매우 신나했고 자주 이야기했다.

여기에 매년 하고 있던 1인 1역을 바꿔서 학급 직업을 만들고, 일하는 친구에게 월급을 주는 형태로 학급 화폐를 모으도록 해 보았다. 1인 1역은 교실 청소하기처럼 각자 학급에서 한 가지 역할을 하는 활동인데, 그 역할을 직업으로 바꿔서 이름을 부여했다. 직업은 국무총리실, 비서실, 국세청, 통계청, 환경부, 문화부, 안전부, 교육부, 우체부, 경찰청 등으로 나눠서 운영했다.

이 아이디어는 『세금 내는 아이들』(옥효진 지음, 2021년 출간)이라는 책에서 힌트를 얻었다. 책에서는 아이들이 일한 대가로 받은 월급으로 투자를 해보는 것도 있지만, 우리는 거기까지는 가지 않고, 간단하게 월급을 받고 학급을 위한 세금을 내는 정도로만 활용했다. 월급으로는 학급 슈퍼마켓에서 물건을 살 수 있었다.

이 활동을 계획한 이유는 경제관념을 기르도록 하기 위함이었다. 월급을 받고 물건을 살 때마다 용돈기입장을 써야 하는데, 수입과 지출 그리고 잔액을 적도록 하여 돈의 소중함을 느끼도록 했다. 또한 직업을 통해 일의 소중함과 책임감을 배우길 바랐다. 월급을 받으며 부모님의 노고를 깨닫는 것까지는 덤으로 말이다.

처음에는 슈퍼마켓 사장님이 나였지만, 나중에는 아이들에게 슈퍼마켓 사장님도 직업으로 넘겼다. 공부도 해야 하므로 매일 물건을 살 수는 없으니 슈퍼마켓을 여는 요일을 정해 물건을 사도록 했다.

교실은 하나의 작은 경제 사회가 된다. 슈퍼마켓에서의 경험은 단순한 놀이를 넘어, 삶의 작은 축소판이다.

가정에서도 자녀가 할 수 있는 일을 찾아서 하도록 하고, 이에 대한 대가로 용돈을 받게 함으로써 가정의 일원으로서 작은 책임감을 느끼게 하는 것을 추천한다. 그리고 용돈 기입장은 반드시 쓰도록 하면 좋다.

'우리 반 친구들아! 학급 슈퍼마켓에서 했던 활동들을 잘 기억해서 나중에 커서도 월급을 계획적으로 잘 사용하길 바란다. 부자가 되는 건 덤이야!'

라디오는 사연을 타고

 어렸을 때 나는 라디오 광이었다. 초등학생 시절, 중학생 언니가 늘 듣던 라디오를 따라 듣다 보니 어느새 나도 라디오에 빠져들었다. 유희열의 〈음악도시〉, 신해철의 〈고스트스테이션〉, 유영석의 〈FM인기가요〉, 정지영의 〈스위트 뮤직 박스〉 등 라디오는 나의 성장과 함께했다.

 사연을 들으며 노래를 듣는 기쁨은 아마 나와 비슷한 또래라면 모두 공감할 것이다. 지금처럼 원하면 바로 음악을 들을 수 있는 시대가 아니었기 때문에 라디오에서 나오는 한 곡 한 곡이 소중했고, 좋아하는 음악이 나오면 카세트테이프에 녹음하기도 했다. 이 아날로그적 감성을 아이들에게도 심어 주기 위해 우리 반 라디오를 시작했다.

　매주 금요일 집에 가기 10분 전 청소 시간, 우리 학급에는 라디오 시간이 있다. 교실 사물함 위에는 사연을 쓸 수 있는 종이와 사연을 담을 사연함이 비치되어 있다. 아이들은 라디오 방송국에 사연을 보내는 것처럼 쉬는 시간에 사연과 신청곡을 써서 제출한다. 라디오 방송국처럼 사연을 보낸다고 모두 당첨이 되는 것은 아니고 사연이 좋아야 당첨될 수 있다. 뽑힌 사연은 선생님이나 학급 DJ 친구가 읽어주고 신청곡도 들려준다. 이 시간은 아이들이 가장 좋아하는 시간이다. 자신이 신청한 노래를 친구들과 함께 듣는 경험은 어린 시절 내가 라디오에 사연을 보냈을 때 당첨되는 기분과 비슷했으리라.
　때로는 엉뚱한 사연도 있다. 삼촌이 결혼을 못 한 노총각이어서 선생님과 만나 보라는 이야기, 친척이 돌아가셨다는 이야기로 숙연해진 사연, 학원 등으로 힘든 마음을 토로하는 사연, 친구들과 함께 그저 좋아하는 노래를 듣고 싶다는 사연 등 다양했다. 특히 사연이 뽑힌 아이들은 어깨가 더욱 으쓱해진다. 아이들이 사연을 읽고 신청곡을 듣는 모습은 마치 작은 방송프로그램을 운영하는 듯하다.
　사실 이 활동에는 글쓰기를 한 번이라도 더 해 보게 하려는 의도가 숨어 있다. 나의 이야기가 수업 시간에 친구들에게 공유되면 아이들은 그 어느 때보다도 집중을 잘할 수밖에 없다. 열심히 글을 쓰라고 매번 잔소리하는 것보다 이렇게 하는 것이 더 낫다.

"와. 내 사연 나왔어!" 아이들이 흥분할 때마다 나는 속으로 생각한다. '으흐흐. 선생님은 네가 글쓰기를 한 사실이 더 기쁘지롱.'

혼자서도 충분히 들을 수 있는 노래지만, 함께 듣는 노래는 더욱 신이 난다. 한번은 아이들이 모두 일어나 갑자기 기차를 만들어 노래를 부르며 교실을 돌기까지도 했다. 청소하며 노래를 듣는거라고 하지만 아이들은 좀처럼 흥분은 가라앉히지 못했다. 수업 중에서도 제일 신나는 수업은 바로 이런 수업이다. 아이들의 실제 삶을 토대로 만드는 수업.

마음을 움직이는 것은 결국 이야기라는 말이 있다. 직접 말할 수 없었던 나의 이야기를 친구와 나눔으로써 서로 마음을 나눈다.

단순히 음악을 듣는 것을 넘어, 서로의 이야기에 귀 기울이는 소중한 경험을 하기를 바란다.

버스만 타도 재밌거든요!

 코로나로 체험 학습이 많이 사라졌다가 실로 오랜만에 체험 학습이 재개되었다. 이날은 안전 체험관으로 떠나는 날이었다. 전날 8시 30분까지 학교 운동장으로 모두 모이기로 약속했다. 오랜만에 떠나는 체험 학습이라 너무 들뜬 나머지 8시부터 와 있는 아이들도 많았다.

 출발 전에 아이들 인원수를 점검하고, 화장실을 다녀오도록 한 뒤, 버스에 태우려고 했다. 그런데 한 아이가 아직 도착하지 않았다. 우리 반만 출발하지 못한 채 속절 없이 시간만 흘렀다.

 불안한 마음에 출발 시간 10분 전부터 계속해서 전화를 걸었지만 응답이 없었다. 그러다 겨우 연결이 되자 나도 모르게 살짝 목소리가 높아졌다.

"지혁아! 지금 시간이 몇 시인 줄 알아? 우리 체험 학습 가야 해. 얼른 와!"

"어머, 선생님 죄송해요. 지혁이랑 제가 늦잠을 자 버렸어요. 오 분 만에 준비시키고 보낼게요."

지혁이 어머니가 받을 줄은 생각도 못했다. 평소에도 화를 잘 내는 선생님으로 오해하면 안 될텐데. 찝찝함을 안고 전화를 끊었다. 다행히 지혁이는 학교 옆 아파트에 살고 있었고, 정말로 오 분만에 달려왔다. 버스에 얼른 태우고 아이들의 안전띠를 확인한 후 출발했다. 지혁이도 헐레벌떡 뛰어와 숨을 고르며 앉았다가 금세 들뜬 표정으로 아이들과 수다 삼매경에 빠졌다.

체험 학습은 교실을 떠나 친구들과 어딘가로 간다는 사실만으로도 마냥 신나는 일이다. 버스에서 함께 수다를 떨며 가는 시간이 제일 재밌다고 하는 아이들도 많다. 그런 친구들은 버스 내리기를 아쉬워한다. 그래서 버스에서 옆자리에 앉는 친구가 누가 되는지가 아이들에게는 매우 중요한 문제다. 매번 이 문제로 심각해지는 경우를 자주 봐서 학기 초부터 아이들에게 단단히 일러둔다.

"체험 학습은 교실이 아닌 외부에서 수업이 이루어지는 거야. 결국 수업이라는 이야기지. 그러니까 자리는 지금 교실에서 앉는 자리 그대로 앉는거야. 알았지?"

자리는 늘 2주마다 바뀌기 때문에 체험 학습 버스에서 누가 내 짝이 될지는 아무도 모른다. 친한 친구와 같이 앉지 못해 서운해하는 친구도 많지만 교사의 입장에서는 그런 아이들보다 소외되는 아이가 눈에 더 밟히기 마련이다. 원하는 친구들끼리 짝을 자유롭게 정하라고 하면 친구가 없어 뻘쭘해하는 아이들이 분명 나온다. 평소에도 외로움을 자주 느낄 텐데, 체험 학습 버스에서마저도 그 마음을 느끼게 하고 싶지는 않다. 그리고 아이들에게 솔직하게 물어본다.

"너희가 선생님이라면, 짝꿍을 못 정해 외로워하는 친구를 그냥 볼 수 있을까? 선생님은 어떻게 해야 할까?"

아이들은 모두 선생님이 정해주는 게 맞다고 대답한다. 마음을 터놓고 선생님의 입장을 이야기하면 아이들도 모두 수긍한다. 물론 속으로는 아쉬워하는 아이도 있겠지만 말이다.

아이들은 너나 할 것 없이 즐거워 보였다.

"애들아, 너무 시끄럽다. 기사님 운전 방해돼. 조금만 조용하자. 그렇게 재밌어?"

"네 선생님. 버스만 타도 재밌거든요."

아이들에게 조금 조용히 하자고 하니 아이들은 "네!"라고 곧잘 대답하면서도 얼마 지나지 않아 다시 왁자지껄 떠드는 소리에 버스는 터져 나갈 지경이 된다. 기사님은 마음 넉넉하게도 "아이들 신나는데 냅두세요."하신다. 귀가 찢어질 듯한 소음을 듣고서야 겨우 목적지에 도착했다.

아이들은 안전체험관에서 다양한 체험을 했다. 지진체험관에서는 교실로 꾸며진 방에 들어가 흔들림을 경험하고, 배운 대로 아이들은 움직였다. 화재 체험관에서는 직접 소화기 사용을 연습하는데, 진짜 물이 나오는 소화기로 화면의 불을 끄는 화재 진압 연습을 했다. 그리고 화재 대피 안전체험관에서는 허리를 낮추고 입을 막으며 직접 대피하는 연습도 했다. 여기에 완강기를 타는 연습과 심폐소생술까지 배우면 끝이 난다.

그 사이 나는 인원 점검하랴, 혹여 아픈 친구는 없는지, 관리하느라 정신이 없다. 아이들은 친구들과 함께하는 체험이 너무 신나고 재밌다며 돌아가는 버스 안에서도 지치지도 않고 떠든다.

"너희들은 정말 기력도 좋다."

도착하자마자 아이들에게 당부했다.

"잊어버리는 물건이 없는지 꼭 확인해야 해."

아이들이 내리고 난 뒤, 한 번 더 아이들 앉았던 자리를 확인하려는데, 뒤에서 차가 빵빵거리는 바람에 하는 수 없이 천천히 둘러보지 못하고 내렸다. 약간 찝찝하기는 했으나 어쩔 수 없었다. 하지만 결국 아이 하나가 집으로 갔다가 다시 돌아왔다. 핸드폰을 두고 내렸다는 것이었다. 버스 기사님께 전화를 드려 아이의 물건을 찾아주시길 공손히 부탁드렸다. 다행히 핸드폰은 찾을 수 있었다.

사실 체험 학습에서 이런 일은 비일비재하다. 체험 학습을 계획하고 실행하는 과정은 늘 긴장의 연속이다. 교사의 부담 역시 이만저만이 아니다.

현장 체험 학습을 하지 말아야 할 이유는 무수히 많다. 안전 체험관이야 실내여서 그나마 수월하지만, 실외 체험은 교사 한 명이서 여러 아이를 완벽하게 케어하기가 어렵다. 예상치 못한 돌발 상황은 언제든 발생할 수 있고, 안전사고의 위험성도 크며, 학생들이 한순간에 사라지는 일도 있을 수 있다.

그럼에도 불구하고 아이들의 추억은 지켜주고 싶다. 교실 밖 세상을 친구들과 함께 경험하고 그 과정에서 새로운 것을 배우며, 커서도 마음 한편에 남아 있을 흐뭇한 기억을 심어주고 싶다. 실제로 몸으로 부딪히며 배운 것은 쉽게 잊히지 않는다.

교사가 현장 체험 학습을 망설이지 않도록, 교사 한 사람에게 모든 책임을 지우는 시스템이 되어서는 안 된다. 체험 학습의 안전을 확보하기 위해서는 더 많은 인력과 지원이 필요하다. 보충 인력으로 학생들을 나눠서 관리하고, 체험 학습 중에도 실시간으로 도움을 받을 수 있는 시스템이 갖춰져야 한다. 이러한 지원이 있다면, 교사들도 좀 더 안심하고 즐겁게 체험 학습을 계획하고 실행할 수 있다.

버스만 타도 재미있어하는 아이들에게 더 넓은 세상을 보여주고 싶다. 교사들이 안심하고 체험 학습을 추진할 수 있도록 교육 당국이 꼭 나서줬으면 좋겠다.

* 교실 속 웃음 한 조각 - 선생님 떡볶이 장사하세요!

사람은 언제나 잘 먹여야 한다. 든든하게 배를 채우면 기분이 좋아지고 마음이 넉넉해진다. 연인들이 데이트할 때도 잘 먹어야 서로 화도 안 내고 사이좋게 지낼 수 있다. 아이들도 마찬가지다.

2교시 영어 선생님이 들어오시는 전담 시간에 아이들 몰래 교사 연수실에서 떡볶이를 만들었다. 아침을 먹고 온 아이들도 출출해질 딱 그즈음, 3교시 수업 시간에 떡볶이를 들고 나타난 나를 보고 아이들은 환호성을 질렀다. 종이컵에 1인분씩 담아서 줬더니 너무나 맛있게 먹는 아이들. 우리는 떡볶이 하나로 마음을 나누고 추억을 채웠다.

"선생님. 떡볶이 장사하세요. 진짜 너무너무 맛있어요!"

"정말? 선생님 떡볶이집 열면 많이들 와야 해~!"

"진짜 지금까지 먹은 떡볶이 중에서 제일 맛있어요."

아이들이 너무 맛있어해서 진실을 밝힐 수 없었다.

'얘들아, 사실은 밀키트야……'

3부.

나는 여전히 교육을 꿈꾼다

우리는 한배를 탄 사람들입니다

 인터넷에서 떠도는 한 교사의 글을 보았다. '민원이 없는 완벽한 교사'라는 제목의 글이었다.
 글에서 교사는 아이들에게 공부 많이 시키고, 보상으로 간식을 사주고, 상담할 때는 진실한 이야기를 나누었다고 했다. 그랬더니 결과는 민원이 많아지는 것이었다고 했다. 그래서 수업은 일찍 끝내고, 아이들을 많이 놀게 하며, 학부모에게는 듣기 좋은 소리만 했더니 민원이 사라졌다고 했다. 글쓴이는 학부모 민원을 없애기 위해 너무 애쓰지 않겠다는 자조적인 결론을 내렸다. 교사라면 누구나 공감할 만한 이야기여서 씁쓸했다.

나 역시 비슷한 마음을 느낄 때가 있다. 학급동아리를 만들었을 때도 아이들을 위해 만든 프로젝트가 오히려 싸움의 원인이 된 적이 있었다. 협동 학습을 할 때면 꼭 아이들 다툼이 일어난다. 다양한 사람들이 모여 협력을 하거나 토론을 하는 곳에 잡음이 없을 수가 없다. 하지만 협력하는 연습을 하는 것은 사회로 나가기 전에 배워야 할 매우 중요한 덕목이다. 누구나 아는 당연한 이치이지만 내 아이가 어려운 상황에 빠지면 갑자기 이 사실을 망각한다.

학교는 사회에 나가기 전 갈등 조정의 방법을 익히고 배우는 곳이다. 학교에서 우리는 사회적인 공감 능력과 문제 해결 능력을 연습할 기회를 얻는다. 다양한 사람들이 모인 곳에서 문제가 발생하는 것은 당연하다. 그리고 이를 해결할 수 있다고 믿어야 한다. 아이들에게도 이를 강조한다.

학교에서 내년 교육 과정에 대한 설문조사를 한 적이 있다. 설문조사 통계를 보니 체험 학습에 대해 상반된 민원이 접수된 것이 보였다. 괴롭힘 문제나 위험한 사고가 생길 수 있어 체험 학습을 줄여달라는 민원이 있는가 하면, 아이가 좋아하니 체험 학습을 늘려달라는 민원도 있다. 결국 무엇을 하든 문제는 발생할 수밖에 없다. 그러기에 학교도 민원에 너무 일희일비하지 말고 교육 목표와 비전대로 나아갔으면 좋겠다.

일기가 인권 침해가 된다는 민원이 많이 접수되어 결국 일기 쓰기가 교육 현장에서 사라졌다. 일기는 자신에 대한 정체성을 알아가는 중요한 과정인데, 이런 것조차 인권 침해라는 이름으로 막는 것이 솔직히 이해가 되질 않는다. 물론 선생님에게 자신이나 가족의 일이 드러날 수밖에 없는 일기를 쓰는 것이 싫은 아이도 있다. 예전에 나는 비밀 일기를 쓰는 아이들에게는 선생님이 보지 않을 테니 반으로 접으라고 했다. 전혀 해결 방법이 없는 것도 아닌데, 교사의 지도 철학을 무시하는 이런 일방적인 지침은 재고할 필요가 있다.

예전 근무했던 학교에서는 단원 평가 이후 점수를 적어서 가정으로 보냈는데, 아이가 위축된다는 이유로 점수를 적지 말아 달라는 민원이 들어왔다. 아이들의 속상한 마음을 이해 못 하는 것은 아니다. 하지만 개인별로 시험지를 나눠주는 방법도 있을 것이고, 다른 해결 방법을 구한다면 못 찾을 일도 아니다. 하지만 학교에서는 결국 일괄적으로 점수를 적지 말라는 지침을 내렸다. 한 사람의 민원으로 학교 시스템이 일방적으로 바뀌는 건 정말 쉽게 이해가 되지 않는다. 또한 수행 평가 점수가 마음에 들지 않는다고 국민신문고에 민원을 올렸다는 이야기를 들은 적도 있다. 이 또한 교사의 평가 권한을 침해했다는 느낌을 지울 수 없다.

다음 이야기는 같이 근무하던 선생님이 받았던 민원 내용이다. 급식 시간에 1학년 아이들이 다 같이 밥을 먹고 안전을 위해 함께 교실로 올라가게 했더니, 급식 먹는 속도가 느린 아이의 학부모님이 화가 나서 전화를 했다고 한다. 그래서 각자 먹고 올라가는 것으로 바꾸었는데, 이번에는 1학년 아이에게 어떻게 혼자 올라가게 하느냐는 민원이 들어왔다고 한다. 교사는 한명인데 어찌해야 하나 궁리하다가, 4명씩 밥을 다 먹은 아이들끼리 묶어서 올려보냈다는 이야기를 들었다.

현장에서는 사실 이것저것 고려해야 할 변수가 참 많다. 의견을 개진하는 것은 좋지만 교사가 아무 생각 없이 조치했다고는 생각하지는 않았으면 좋겠다. 그리고 아이 스스로 할 수 있는 일도 참 많은데, 요즘은 부모님이 자꾸 대신하려 한다. 스스로 해결할 수 있는 일은 스스로 할 수 있게 용기를 주고, 도움이 필요한 경우에만 부모가 나서도록 해야 한다.

아이 말만 듣고는 냉큼 전화를 걸어 이것저것 따지는 일도 사라져야 한다. 심지어는 숙제가 이해가 되지 않는다고 부모님이 대신 문의하는 경우도 비일비재하다. 숙제는 아이가 하는 것이 아닌가.

민원이 발생하면 이를 어떻게 처리할지 정확한 규정으로 시스템을 갖추어야 함은 모든 교사가 공감하는 바다. 순간의 울컥한 감정으로 전화를 건 학부모의 이런저런 언사를 듣게 되면 심리적 타격이 생각 이상으로 크다. 이로 인한 상처로 교사 일을 포기하고 싶을 때도 많다. 민원은 서면으로 그리고 실명으로 접수하고, 교사는 반드시 그 문의에 성심껏 답변하도록 하는 방법이면 좋겠다. 그리고 교사와 대면 상담을 원할 경우, 역시 서면으로 일정을 잡고 내용을 사전에 알려 교사도 관련된 정보를 수집할 수 있도록 하면 좋겠다. 그래야 제대로 된 상담이 가능하다.

교실의 주인공은 아이들이고 선생님이다. 아이들이 하는 얘기 하나가 모든 것을 완벽하게 진실하게 설명할 순 없다. 무언가 불편한 아이 감정을 부모로서 위로를 해주는 것은 반드시 필요하다. 하지만 그것이 지나쳐 선생이나 학교 혹은 아이 친구에 대한 공격으로 이어지는 것은 위험하다. 객관성을 잃는 일이 될 수 있기 때문이다. 그래서 자신의 경험만으로, 생각만으로 모든 것을 함부로 추측하고 재단해서는 안 된다. 교실에서 일어나는 일을 가장 잘 아는 이는 담당 교사인 만큼, 선생님의 얘기를 들어주는 것이 제일 좋다.

끊이지 않는 민원으로 마치 선생인 내가 감정 쓰레기통이 된 것 같은 기분이 들 때면, 무얼 하든 책임 소재에서 자유로울 수 없다는 생각이 들 때면, 적극적인 교육 행위는 위축되거나 중단될 수밖에 없다.

무엇보다 학교와 교사에 대한 신뢰 회복이 급선무다. 교사라는 직업에 대해 충분히 아는 것 같고, 자신의 경험을 바탕으로 선생님에 대해 일반화하는 것도 잘못된 오류를 낳는다. 학교는 과거와 많이 다르며 교사들도 예전과 다르다. 한 명의 이상한 교사가 모두를 대표할 수는 없다. 교사도 상식을 벗어난 반응을 하는 일부 학부모를 보고, 모든 학부모가 그렇다고 단정 지으며 처음부터 마음을 닫아서는 안 된다.

학교와 교사, 학부모는 모두 학생의 성장을 위해 한배를 탄 사람들임을 잊지 말아야 한다. 그래야 우리 아이들이 아무 탈 없이 잘 큰다.

글쓰기를 하는 이유

나는 '다정하다'라는 말을 참 좋아한다. '다정하다'라는 말은 캠핑장에서 장작이 타닥타닥 소리를 내며 타는 느낌을 준다고나 할까. 요란스럽지 않고 고요함 속에 안정감을 주며 은근히 따스함이 스미는 그런 느낌이다. 그래서 나는 다정한 사람이 되고 싶다. 그리고 내가 가르치는 아이들도 다정한 사람이 되었으면 좋겠다.

대학생 때의 일이다. 지하철을 타고 학교로 가던 중 여대생처럼 보이는 여성이 지나가는 나를 째려보며 "뭘봐, 이씨…"라고 하는 것이었다. 그냥 지나칠까 하다가 그녀 앞으로 가서 "본인이 그렇게 예쁘다고 생각하시나 봐요. 저는 안 쳐다봤거든요."라고 하니, 그녀는 얼굴이 빨개지며 "뭐야, 짜증 나."라고 말하고 다음 정거장에서 내려버렸다.

그 학생은 필시 자기 자신을 다정한 눈길로 바라볼 줄 모를 것이다. 자신에게 따뜻한 사람이라면 절대 타인에게도 그렇게 행동하거나 말하지 않는다. 자신을 다정한 눈길로 볼 수 있으려면 스스로에 대해 깊이 생각해 보아야 한다. 가장 좋은 방법이 글을 쓰는 것이다.

『당신은 제법 쓸 만한 사람』(김민섭 지음, 2023년 출간)이라는 책에서 작가는 이렇게 말한다.

"작가가 된다는 것은 스스로에게도 좋은 사람이 되어야 함을 자각하게 만들어주는 일이다. 자신을 기록하는 동안 '나라는 타인'이 어떻게 살아왔는가를 돌아볼 수 있게 된다. 결국 자신의 몸에 새겨진 글들을 발견하지 않으면 나는 영원히 알 수 없는 가장 먼 타인으로 남게 될 수밖에 없다. 가장 먼저 알아야 할 것은 자기 자신이다."

김민섭 작가의 말대로 글을 쓸 때 세상에서 제일 다정한 '나 관찰자'가 된다. 자신에 대해 생각하는 시간이 되기도 하고, 세상 만물을 다정한 눈길로 바라보며 고마움을 느끼기도 하고, 어떤 경험을 특별한 의미로 되새기기도 한다. 그러면 힘들었던 시간조차도 감사한 마음으로 돌아보게 된다. 부끄럽지만 나는 글을 쓰기 전까지만 해도 내가 어떤 사람인지, 어떤 교육을 꿈꾸는지, 어떤 어른이 되고 싶은지 깊게 생각해보지 못했다.

아이들도 글을 쓰다 보면 세상 만물을 다정하게 보고 자세히 보게 된다. 자신에 대한 이야기를 쓰는 과정에서 더 좋은 사람이 되고 싶은 생각이 자연스럽게 든다.

우리가 느끼는 감정과 경험은 고스란히 글에 반영된다. 『보편의 단어』(이기주 지음, 2024년 출간)에서 작가는 "개인의 정체성과 그가 즐겨 사용하는 단어는 무관하지 않다. 어쩌면 우리의 정서와 사유 체계는 우리가 자주 사용하는 단어들로 이루어져 있는지도 모른다."라고 했다.

화가 많거나 흥분을 잘하거나 산만한 아이일수록 꼭 글쓰기를 시킨다. 그런 다음 아이가 쓴 글에 댓글을 남긴다. 그때쯤이면 아이들은 잔소리가 아니라 진심 어린 조언과 사랑으로 선생님의 이야기를 받아들인다.

글쓰기를 통해 자신의 감정을 표현하고 자기 생각을 정리하면서 점차 다정한 사람으로 아이들이 성장할 수 있기를 바란다. 다정한 글쓰기를 하며 더 나은 사람이 되고자 노력하고 더 나은 세상을 만들어가는 아이로 성장했으면 좋겠다. 아이들도 나만큼이나 글쓰기를 사랑했으면 좋겠다.

내가 너희 옆에 있어야 하는 이유

당신은 지금의 일을 왜 하고 있는가? 나는 교사를 왜 하고 있을까?

내가 하는 일의 직업적 의미를 자주 생각해 본다. 그렇게 해서 내가 내린 결론은 "아이의 일상을 지켜주기 위해서"다.

때로는 집보다 학교가 편안한 아이가 있다. 집안 사정은 모두가 다르고 각자의 사정은 알 수가 없다. 다만 학교에 오면 누구나 평등하게 공부를 할 수 있고, 친구들과 재미있게 놀 수 있으며, 함께 이야기하며 가정의 어려운 일은 잠시 잊을 수 있다. 이 또한 아이에게는 중요한 일상이고, 선생으로서 지켜주고 싶은 일상이다. 곧 나의 일이다.

그런데 아이들의 일상을 지키기 위해 고군분투하다 내가 무너질 때가 있다. 이럴 때는 잠시 쉬어야 한다. 선생은 아이의 일상을 지켜주는 존재다. 선생이 무너지면 아이들도 무너진다.

가끔은 어른들도 누군가로부터 "잘할 수 있어. 다 잘하려고 하지 마. 하나만 해도 돼." 이런 위로의 말을 듣고 싶을 때가 있다. 완벽하게 잘하려는 강박이 어떤 일을 시작하기도 전에 지치게 하고, 결국에는 포기하게 만들기도 한다.

뭔가를 할 수 없다는 것을 직접 마주하는 일은 나이가 들어도 여전히 무섭다. 그때마다 자신을 위로하고 책에서도 도움을 구하지만 누군가의 직접적인 응원과 위로만큼 힘이 센 것은 없다. 어른도 이럴진대, 아이들은 어떨까? 다행히 아이들 곁에는 위로의 말을 해줄 수 있는 선생님이 있다.

학습지를 나눠 줄 때마다 "어려워서 못하겠어요. 다른 애들은 다 잘하잖아요. 나만 모르잖아요. 그냥 안 할래요." 하는 아이가 있다. 매일 어르고 달래며 하나라도 해보자며 용기를 주지만, 사실 끊임없는 관심 갈구에 내 에너지도 금세 바닥난다.

그러다가도 아이가 커서 사회에 나갔을 때 누가 앞으로 용기를 주며 격려할까 하는 생각이 들면, 퍼뜩 정신을 차리게 되고 한 번 더 힘을 내게 된다. 교사가 당연히 해야 하는 좋은 수업과는 또 다른 일이다.

한 번이라도 스스로 성취한 경험, 작은 하나라도 해냈을 때 받은 칭찬의 경험, 이런 것들이 쌓일 때 결국 무언가를 이뤄낼 수 있다. 나 역시 "잘한다, 잘한다." 해주는 내 인생의 선생님 덕분에 이 자리에 서 있게 된 것인지도 모른다. 이 책을 쓰는 것 또한 마찬가지다.

아이들에게 필요한 지식을 가르치는 것만이 전부는 아니다. 아이가 자라서 어려운 상황에 직면했을 때, 교사가 했던 한 마디가 격려와 지지가 되어 아이의 삶을 어떻게 변화시킬지 우리는 모른다. 아이들이 살아가는 데 필요한 용기와 응원을 경험하도록 하는 것은 선생의 중요한 임무 중 하나다.

내가, 선생님이 아이들의 곁에 지금 있어야 이유는 바로 먼 미래의 그 순간을 위해서다.

안녕, 졸업 축하해

 지금까지 총 네 번의 6학년 담임을 맡아, 네 번의 졸업식을 치렀다. 매번 졸업식마다 무사히 끝냈다는 안도감에 시원하기도 하고, 헤어짐의 아쉬움에 섭섭하기도 했다. 그래서 졸업식 날이면 늘 눈물이 맺힌다. 결혼식에 가면 신부보다 더 많이 우는 사람이 있는데, 졸업 당사자보다 더 많이 우는 사람이 바로 나다.

 2019년 2월, 6학년 선생님들 모두는 아이들에게 잊지 못할 졸업식 이벤트를 만들어주고 싶었다. 반마다 동영상 제작을 하기로 한 것이다. 동영상을 제작하는 동안 아이들과 나는 너무 신이 났고, 마지막 결과물은 더욱 빛이 났다. 노래, 율동,

소품, 메시지, 연기, 편집, 촬영 등 모두가 다 아이들 몫이었다. 아이들은 내 도움을 거의 받지 않고 스스로 자신의 졸업 영상을 만들었다. 얼마나 기특하던지, 일 년 내내 잘 키운 보람이 있구나 혼자 흡족해했다.

  시작할 때는 유튜브에 있는 다른 졸업 영상을 참고하도록 했다. 아이들은 〈아름다운 밤〉(울랄라세션 노래)이란 노래에 맞춰 당시 유행하던 검정 롱패딩을 입고 춤을 추었다. 다 같이 맞추는 안무가 돋보였고, 영화 〈써니〉에 나온 노래에 맞춰 아이들이 도화지에 쓴 축하 메시지는 저절로 미소를 짓게 만들었다. 두 번째 곡인 〈혜화동〉(박보람 노래)에서는 우리 반 사진과 함께 편지를 영상에 담았다.

  어릴 적 함께 꿈꾸던
  부푼 세상을 만나자 하네
  내일이면 멀리 떠나간다고
  언젠가 돌아오는 날
  활짝 웃으며 만나자 하네

  노래 가사와 어우러진 아이들의 편지가 나를 더욱 울보로 만들었다.

친구들아. 안녕.

우리 만난 지 얼마 안 된 것 같은데 벌써 졸업이라니, 모두에게 정들었던 시간을 뒤로하고 헤어지려니 너무 아쉽고 슬퍼.

우리 이런저런 사건이 참 많았지. 웃고 떠들고 혼나고 울고 화내고, 그때 그 추억들이 아직도 나에겐 생생한데 이제 졸업이라 다들 헤어져야 하는구나.

친구들과 함께 경쟁하며 타협했던 그 모든 것들이 큰 추억이 되었어. 나에게 새롭고 재밌는 추억 많이 만들어 줘서 고마워.

가끔씩 싸우고 화내는 일도 많았지만, 결국엔 너희 덕분에 행복한 일들이 더 많았어. 진짜 졸업 축하해.

우리 반, 사랑한다! 선생님, 사랑해요! 부모님, 감사합니다!

마지막에는 아이들의 마지막 멘트를 담은 개인별 동영상을 찍었다. 그리고 나의 모습도 함께 담았다.

졸업식 당일 영상을 볼 때는 모두가 웃다가 울음을 터트렸다. 지난 일은 이렇게 미화되어 좋은 추억으로 남는다. 지금도 한 번씩 영상을 꺼내 볼 때면 마음이 따뜻해진다.

졸업식 때는 말하지 못했지만, 이 지면을 빌어 졸업하는 아이들에게 하고 싶은 말이 있다.

"살다 보면 외로운 날도 있고, 뜻대로 되지 않은 날들도 많을 거야. 새로운 시작 앞에서 두려움을 느끼기도 할 거야. 하지만 두려움을 용기로 바꿔 너희가 원하는 세상으로 한 걸음씩 나아가길 바란다. 그 걸음이 세상에 선한 영향력을 미칠 수 있기를 더 바라고 실패는 당연한 과정이니 열심히 실패하고 도전을 포기하지 않길 바랄게. 자신을 믿고 나아가렴. 너희는 충분히 해낼 수 있어. 다른 사람에게 어깨를 빌려줄 수 있는 마음 고운 사람이 되렴. 너희 인생의 여정에 행운이 함께하길 바라며 다시 한 번 졸업을 축하한다. 앞으로의 모든 날이 우주의 은하수만큼 빛나길. 사랑한다. 나의 제자들아."

시절인연

'시절인연'이란 단어가 있다. 모든 사물의 현상은 때가 되어야 비로소 일어난다는 뜻을 가진 불교 용어다. 모든 인연에는 저마다의 시기가 있어, 만날 때가 되면 자연스럽게 만나게 된다는 의미도 담고 있다. 돌이켜 보면, 그런 인연들은 참 소중하고 우리 인생의 찬란한 한때가 아닐까.

그런데 요즘은 더 이상 깊은 감정을 나누는 관계는 갖지 않겠다는 부정적인 뉘앙스로 이 말이 쓰이기도 한다. 잠시 스쳐 가는 인연쯤으로 여기는 것이다. 하지만 나에게는, 4년마다 학교를 옮기며 새로운 사람을 만나게 되는 그 모든 순간이 어느 한순간도 놓치고 싶지 않을 정도로 소중했고, 그 시기를 찬란하게 만들어준 고마운 인연들이다.

　지난 학교에서 만난 Y 선생님. 같은 학년의 다른 선생님들이 아침밥을 잘 챙겨 먹지 않는다고, 빵이며 과일이며 늘 챙겨주신 따스한 분이다. 게다가 불합리한 일이 생기면 누구보다 먼저 나서서 발언하시는 정말 멋진 선배다. 내가 업무로 속상한 일이 있었을 때는 대신 따져 주기도 하고, 대신 화도 내주셔서 얼마나 고마웠는지 모른다. 하지만 안타깝게도 지금 Y 선생님은 암 투병 중이다. 안부를 묻기 위해 전화를 건 나에게 오히려 너무 고맙다며 내 걱정을 해주시고는 맛있는 거 많이 사 먹으라고 되려 쿠폰까지 보내는 분이다.
　당신보다 항상 남을 생각하는 따스한 분, 이보다 더 큰 어른이 계실까 싶다. 그런데 최근 항암 치료가 길어져서 마음이 너무 찢어질 듯 안타깝다. 정말로 진심을 다해 꼭 나으시길 기도드린다. 그럴 거라고 믿는다.
　세 번째 학교에서 만났던 T 선생님. 역시 지금까지도 연락드리는 존경하는 분이다. 입시 준비를 하는 딸 아이를 키우느라 개인적으로 힘든 일이 많았을 텐데, 내가 학교 일로 고민하거나 힘들어할 때면 언제나 가슴 한편을 내어주셨다. 그냥 함께 있기만 해도 위로가 되는 사람, 선생님이 그랬다. 포근함이 좋아서 함께 차를 마시고 계속해서 대화하고 싶을 정도였다.

아이들이 너무 예쁘다고 말하며 환히 웃는 선생님의 미소를 볼 때면 내 마음 한구석에서 간질거리며 울컥하는 감동 비슷한 무언가가 올라온다. 그리고 학교에서 뒷담화로 나는 물론이고 다른 선생님까지 힘들게 한 선생님이 계셨는데(선생님 사회에서도 이런 일이 있다), T 선생님의 멋진 말발로 코를 납작하게 한 적이 있었다. 그때는 정말 통쾌했다. 사이다, 이런 시원한 사이다가 없었다. 그 말발 정말 닮고 싶다.

네 번째 학교에서 만난 R 선생님. 나를 책의 세계로 인도해 주신 분이다. 선생님은 교직원 회의 시간 때마다 말씀을 너무 잘하셨다. 비결이 뭘까 정말 궁금했는데, 알고 보니 다독왕이셨다. 그래서 그 선생님처럼 나도 책을 읽어야겠다는 다짐을 했다.

R선생님께서 주관하는 책모임에도 가입하고 대학교 이후로는 잘 읽지 않던 책을 조금씩 읽기 시작했다. 한 장만 읽어도 졸음이 쏟아지던 내가 지금은 일년에 70권은 넘게 읽고 있으니 커다란 발전이다. 아마 이분을 만나지 않았더라면 나는 책 읽기는 물론이고 글쓰기도 하지 않았을 것이다. 내 인생을 바꾸신 분이라고 해도 과언이 아니다.

그리고 나의 가장 가까운 동료이자 남편인 J 선생님. 옆 반 선생님으로 만난 것이 인연이 되어 한평생 같이 살게 되었다. 누구보다도 학교생활의 고민을 잘 들어주고 일적인 부분을 가장 잘 이해해준다. 다른 사람은 마음의 안식을 얻기 위해 종교를 찾지만, 나에게는 남편이 종교다. 이렇게 말하면 '뭐야' 하겠지만, 그만큼 가까이에서 언제나 내 마음을 잘 이해해주고 좋은 충고를 해준다. 함께 있으면 마음이 편하고 뭐든 잘 이겨낼 수 있을 것 같다. 부족한 나를 항상 지지해주고 응원해줘서 너무 고맙고, 감사하다.

그 밖에도 힘들 때 언제나 함께 이야기 나누었던 수많은 선생님이 스쳐 지나간다. 아이들 문제로 속상해할 때 '어떤 교사도 모든 학생에게 최선의 교사일 수 없다.'는 말로 위로해 주신 선생님도 떠오른다. 함께여서 어려운 순간을 버틸 수 있었고, 서로 응원해주는 마음이 있어서 지금까지 무사히 학교생활을 꾸릴 수 있었다. 그리고 이들이 비법처럼 알려준 수업과 학급 경영 노하우 또한 너무 고맙다.

나를 지탱해주던 시절인연들. 자주 보지는 못하지만 내 기억 속에는 그대들이 영원히 박제되어 있다. 그 시절 내 곁에 머물러 줘서 너무 감사드리며 안녕과 평안을 빈다.

열심히 실패하자

10대에는 공부하면 성적이 쑥쑥 올랐다. 부모님이 시키지 않아도 열심히 공부했고 발표에도 최선을 다했다. 학급 임원에 뽑히는 것도 어렵지 않았고 원하는 고등학교에도 잘 진학했다. 그러다 수능을 세 번 연속으로 망치며 20대를 시작했다. 나에게 삼수의 경험은 치명적이었다. 그래서 대학 생활은 의욕이 없었다. 무엇을 해도 잘 안 될 것 같은 마음으로 그냥 남들 가는 대로 따라가며 20대를 보냈다. 30대가 되어서도 별반 달라지지 않았다. 그러다 40대가 되어서야 겨우 자신감을 회복할 수 있었다.

마음을 고쳐먹고, 고약한 실패의 늪에서 빠져나오는 데 20

년이나 걸린 셈이다. 나는 왜 그 긴 시간을 바보처럼 보냈을까?

내가 내린 결론은 실패를 겪어보지 않아서였다. 다르게 말하자면 실패하지 않을 도전만 했다.

요즘 많은 부모들이 아이가 실패하는 것을 견디지 못한다. 아이가 받을 상처를 자신이 받는 상처와 동일시 한다. 아이가 상을 받지 못하거나 성적이 잘 나오지 않을 때 아이보다 부모가 더 마음 아파하고 속상해한다. 교실에서 아이들이 자주 하는 말이 있다.

"선생님, 이번 시험 망하면 태권도 학원 못 다닌대요.", "선생님, 수학에서 90점을 넘지 않으면 엄마한테 엄청 혼나요. 주말에 못 놀러 갈지도 몰라요."

도대체 초등학교 시험이 뭐가 중요하다고 아이가 좋아하는 태권도를 끊어야 하고 혼도 나야 하는지, 정말 마음이 아프다.

아이가 친구와 싸워도 부모님이 더 안절부절못한다. 내 아이가 다른 아이에게 오해를 받을 때도 마찬가지다. 아이들은 시간이 지나면 금방 사과하고 잘 지낸다. 그런데 오히려 부모님이 일을 키우거나 아이에게 불안감을 조성한다.

모든 인간관계가 다 좋을 수는 없다. 다투기도 하고, 오해를 받기도 한다. 부모님의 지나친 걱정과 보호는 아이의 실패 경험을 빼앗는다. 이런 경험이 훗날 아이의 사회생활에 밑거름이 되고 문제 해결력을 키우는 데 도움이 되는 데 말이다.

실패는 아이에게 값진 교훈을 준다. 자신의 한계를 알아가고 도전의 의미도 배운다. 성장의 일부로서 실패를 겪으며 아이는 강해지고 더 나은 선택을 할 수 있는 방법을 배운다. 결과적으로 아이의 인생을 풍요롭게 만든다. 그래서 내 아이가 초등학교 시절 뭐든 잘한다고 해서 안심할 일도 아니고, 반면 지금 문제가 많다고 해서 너무 염려할 일도 아니다. 오히려 아이에게 실패라는 결과를 안겨준 "도전"을 칭찬해줘야 한다.

문득 영화 《라스트 홀리데이》(웨인 왕 감독, 2006년)가 생각난다. 주인공 조지아는 백화점 주방 코너에서 일하는 평범한 여성이다. 우연히 머리를 다쳐 병원에 갔다가 3주 시한부 판정을 받는다. 짝사랑하던 남자에게 고백도 못해 보고, 유명 셰프 디디에의 음식도 먹어보지 못하고, 그렇게 죽는 것이 억울한 조지아는 직장을 그만두고 평생 모은 돈으로 소원이었던 체코 카를로비바리에 있는 호텔로 날아간다. 거기서 일생동안 한 번도 먹어보지 못한 음식을 맛보고 그동안 도전하지 못했던 것을 시도한다. 저수지에서 낙하산을 타고, 설산에서는 스노우보드 타기를 하며 자유를 만끽한다. 그러면서 카지노 룰렛에서 큰돈을 벌기도 하고, 좋은 사람들을 사귀며 꿈꿔보지 못했던 것들을 하나씩 해나간다. 예상했다시피, 마지막은 시한부 인생 판정은 잘못된 것임이 밝혀지며 해피엔딩으로 끝난다.

어찌 보면 뻔한 결말 같지만, 이 영화를 보면서 많은 생각을 했다. 오늘이 마지막이라면 도전하지 못할 일이 뭐가 있겠는가. 그리고 이 이야기는 비단 다 큰 성인에게만 적용되지도 않는다. 우리 아이들에게도 필요한 얘기다.

실패를 통해 우리는 더 많이 배우고, 더 많이 성장한다. 아이의 실패를 격려하고 아이의 도전을 격려하자. 완벽한 코스를 아이에게 주려고 하지 말고, 잠시 돌아가는 길을 걷더라도 내버려 두자. 단 손을 꼭 잡아주자.

네가 왜 거기서 나와

 가르치는 보람을 느낄 때가 있다. 배움을 위한 삶을 사는 교사라는 직업에 감사도 한다. 내 말 한마디가 큰 힘이 되었다는 것을 눈빛으로 느낄 때, 수업이 재미있다고 할 때, 아이들의 문제 상황을 해결해 주었을 때, 내가 읽은 책과 지식이 아이들에게 도움이 될 때, 그때마다 교사라는 직업에 대한 자부심이 커진다. 그리고 이런 순간은 힘든 시기를 견디게 하는 중요한 원동력이 된다.
 그럼에도 불구하고 힘든 것도 사실이다. 걱정이 많은 사람으로 태어났고, 잘 안되면 어떡하지라는 불안이 컸다. 그런데 교사라는 직업은 많은 아이를 책임져야 하는 자리이다 보니,

아이들의 행동을 통제하기 어려울 때 불안했다. 아무리 열심히 지도해도 아이들은 어느 순간 내 시야에서 벗어나 있기도 했고, 직접적인 책임이 없는 사건이 발생하더라도 마치 내 잘못인양 마음이 무거웠다.

교실에서 수업하면서 속상한 마음을 주체할 수 없었을 때, 받고 싶지 않은 내용의 날 선 문자를 받았을 때, 손을 부르르 떨며 참고 참다가 어느 순간 눈물이 터져버린 날도 있다. 그런 경험이 쌓일수록 무력감은 심해졌다.

퇴근 후에는 나의 일상을 살아야 하는데 그러지도 못했다. 학교 일을 자꾸 집에까지 가지고 와 자기 전까지 고심하는 경우가 많았다. 정신 건강이 온전할 리가 없었다. 그러다 췌장의 문제가 생긴 것을 알았다. 안 그래도 걱정봇인 나에게 걱정거리 하나가 더 생긴 것이다. 결국 마음의 병원을 찾게 되었다. 상담과 약을 통해 불안도를 낮추려고 애를 썼다.

병원에 가면 늘 드는 생각이 있다. 평범해 보이는 저 사람들은 대체 무슨 문제로 왔을까 하는 생각. 나 역시도 언제나 밝게 웃는 얼굴에 힘듦이나 어려움을 엿보기 어렵다는 이야기를 많이 들었던 터라, 아무 일 없이 평온해 보이는 저들에게는 어떤 고뇌와 고통이 있어서 여기까지 왔나 싶다. 아마 마음속으로 계속 싸우다가 어느 순간 나처럼 깨달았겠지. 혼자서는 안 되겠구나 하는.

 더 이상 버티기가 어렵다 판단이 되면 잠깐 멈추고 쉬어야 한다. 그리고 전문의의 도움도 받아야 한다. 결코 부끄러운 일도, 이상한 일도 아니다.

 어느 날 병원에서 익숙한 얼굴이 보였다. 단발머리에 큰 안경을 쓴 나보다 몇 살 어린 G 선생님이었다. 지난 학교에서 우리는 같은 학년 담임을 2년 정도 함께 했기에 그 선생님이 얼마나 열정적인지 잘 알고 있었다. 체육 시간 온 열정을 다하며 발야구와 피구를 가르치고, 한글에 대한 열정으로 누구보다 열심히 맞춤법도 가르쳤던 그녀. 나에게 입버릇처럼 "저는 아이들이랑 노는 게 정말 좋아요."라고 말하던 그녀였다.

 학급에 힘든 일이 있어도 내색하지 않고 잘 해결했던 정말 씩씩했던 선생님, 교직을 누구보다도 사랑했던 G 선생님, 그런 그녀가 신경정신과에 있다는 게 믿기지가 않았다. 하지만 분명 G 선생님이었다. '설마 아니겠지. 잘못 봤겠지.' 싶은 마음에 옆으로 슬쩍 가서 앉은 다음 얼굴을 다시 한 번 확인했다. 그녀가 맞다는 확신이 든 순간 나는 그녀의 어깨를 톡톡 두드렸다. 나를 보고 깜짝 놀란 그녀.

 "선생님. 여기 웬일이세요?"

그녀는 한 학부모로부터 폭언을 들었고 그 상처로 이곳에 왔다고 했다. 마음이 너무 아팠다. 그녀에게 위로의 말을 건넬 필요도 없이 우리는 눈으로 서로를 위로했다.

"선생님. 우리 다음에는 좋은 곳에서 봐요."

늘 밝은 얼굴만 보였던 그녀에게서 이전에는 볼 수 없었던 그림자가 비쳤다. 그런 그녀를 뜨겁게 응원하고 싶었다.

"선생님. 힘들면 연락해요. 마음을 충분히 다독여주지 않으면 트라우마가 생긴대요. 충분히 자신을 돌볼 시간을 가졌으면 좋겠어요. 일단 쉬기. 알죠?"

우리는 서로의 힘든 부분을 거리낌 없이 이야기 나누고 진심으로 서로의 건강을 걱정해 준 뒤 헤어졌다. 그녀도 나도 걱정과 상처를 치유하고, 잃어버렸던 열정도 다시 찾았으면 좋겠다.

교직 생활의 아름다운 순간이 우리의 마음에 오래도록 남아 있기를, 헤어져 버린 상처가 치유되고, 아픔은 점차 옅어져 교육자로서의 길을 다시 한번 뜨거운 마음으로 걸어갈 수 있기를 소망한다. 처음 교직에 나왔을 때의 그 열정을 되찾고 서로를 지탱해주며 이 길을 계속 걸어갈 수 있기를 바란다. 우리의 노력과 사랑이 아이들에게 온전히 전해져 그들의 미래에 빛이 되기를 그리고 그 빛이 우리의 가슴 속에도 따뜻하게 퍼지기를 희망한다.

 그녀가 다시 웃으며 아이들 앞에 설 수 있기를. 그리고 나 역시 따뜻한 마음으로 아이들을 계속 마주할 수 있기를 간절히 바란다.

나는 여전히 교육을 꿈꾼다

처음부터 교직이 나의 꿈은 아니었다. 그러나 교직에 들어선 후, 나는 정말 잘하고 싶었고, 열심히 하고 싶었다. 그리고 최선을 다해 가르쳤다. 아이들을 진심으로 바라보며 이야기를 들어주고 필요한 조언과 위로를 건넸다. 아이들이 스스로 자신만의 길을 찾아갈 수 있도록 돕고자 노력했다. 완벽할 순 없었지만, 그 순간 그 자리에서 내가 할 수 있는 최선을 다했다. 아이들의 성장과 변화를 지켜보며 보람을 느꼈고, 눈빛에서 배움의 즐거움을 발견할 때마다 큰 기쁨을 느꼈다.

하지만 이러한 노력과 열정이 때로는 제대로 이해받지 못할 때가 있다. 요즘 교사들은 교육보다 '별일 없는 하루'를 만드는 데 집중해야 하는 현실에 놓여 있다. 교육다운 교육을 하지 못하는 것은 물론이고, 아이들에게 필요한 지도를 하면서도 혹시 오해 사는 일이 생길까봐 걱정한다. 아동학대 고소를 두려워하며, 애매 모모한 정서적 학대가 무엇인지를 고민한다. 서로 의심하고 감시하는 듯한 분위기는 결코 좋은 교육을 낳을 수 없다.

초등학교 입학을 앞둔 부모님은 특히 더 많은 고민과 걱정을 한다. 그래서 다니는 직장을 그만두거나 휴직을 하기도 한다. 그렇지 못할 때는 괜한 죄책감을 갖기도 한다. 아이가 학교에 잘 적응하는지, 친구 관계는 괜찮은지, 혹시 뭐라도 부족한 게 없을까 촉각을 곤두세우며, 아이보다 더 많이 긴장한다. 게다가 엄마들끼리의 관계를 과도하게 신경 쓰며, 혹여 모임에 나가지 못한다면 내 아이가 친구를 잘 사귀지 못하는 것은 아닐까 하는 걱정도 한다.

내가 아는 한 지인은 자녀가 초등학교에 입학할 때, '선생님이 아이를 잘 가르쳐 주실 거야.'라는 믿음보다 '선생님께 우리 아이를 잘 부탁드려야 한다.'는 마음이 더 컸다고 한다.

왜 이런 생각을 하게 됐을까? 학교와 교사에 대한 신뢰가 예전보다 낮아졌기 때문이다. 너무나 당연한 말 같지만 교사는 학생의 발달을 도와주는 사람이며, 학부모는 자녀의 성장을 가장 가까이에서 지켜보며 필요한 지원을 하는 사람이다. 서로의 역할을 존중하고 협력할 때 아이에게 가장 좋은 환경이 만들어진다.

교권과 학생 인권이 마치 대립하는 것처럼 이야기하는 경우가 많다. 하지만 교육이 제대로 이루어지기 위해서는 서로 누구의 권리가 더 중요하냐가 아니라 함께 동등하게 보장받아야 한다. 교사와 학생이 서로 신뢰하고 존중하는 환경에서만 교육의 본질이 지켜질 수 있다. 교육 현장의 개선은 어느 한 쪽의 입장만 반영하는 방식이 아니라, 교권과 학생 인권이 조화를 이루는 방향으로 이루어져야 한다.

교사는 학생의 학교생활 모습을 가장 잘 아는 사람으로서 아이의 발달과 성장을 위해 필요한 교육적 결정을 내리는 역할이다. 학부모는 이러한 교사를 신뢰해야 한다. 교육 당국 또한 현장 교사의 목소리를 반영한 정책을 수립해야 하며, 학교의 관리자 역시 현장 교사의 의견을 존중해야 한다. 이러한 과정에서 교육의 질은 높아진다.

잘못된 교육인 걸 알면서, 신뢰가 무너져가는 교육 현장을 보면서도 그저 순응하고 입을 다무는 교사가 되고 싶지는 않다. 잘못된 것은 잘못됐다고 말할 수 있는, 당당하고 용기있는 교사가 되고 싶다. 학부모, 선생님, 학생이 교육다운 교육을 경험하고 서로 신뢰하는 교육 여건이 어서 빨리 열리기를 고대한다.

퇴직할 때 남기고 싶은 말은

　선배 교사가 정년퇴직할 때마다, 그 긴 시간을 한결같이 걸어온 것에 크나큰 감동과 함께 존경심을 가진다.
　내가 퇴직할 때는 어떤 모습일까? 솔직한 생각으로는 정년퇴직을 할 수는 있을까 싶기도 하다. 어쨌든 나도 퇴직이란 걸 할 텐데, 그때쯤이면, 어떤 마음으로 어떤 말을 남기게 될까?
　지금의 나는 그때의 나에게 당신은 훌륭한 어른으로서 역할을 충실히 했는지, 교육다운 교육을 눈치 보지 않고 했는지, 후배 선생님들에게는 의지하고 싶은 선배였는지, 학생들에게는 기억하고 싶은 선생님이었는지, 아이들에게 가르쳤던 대로 살고 있는지, 묻고 싶다.

많은 생각이 머릿속을 스친다. 항상 떳떳하기만 한 사람이야 어디 있겠느냐만은 그래도 조금 덜 창피한 사람이 되고 싶다.

아래 글은 미래의 내가 지금의 나에게 전하는 메시지다. 어쩌면 지금 내가 지키고 싶은 어떤 것들인지도 모르겠다. 지금 쓴 글을 퇴직할 때 꼭 다시 읽어봐야겠다.

가장 먼저, 왜 일을 하는지 "일의 지향점"을 생각하자. 내가 지금까지 열심히 교직 일을 한 이유는 누군가의 일상을 지켜주기 위함이었다. 지금까지는 아이들의 일상을 지켜주기 위해 일했다. 하지만 퇴직하고 새로운 일을 한다면 그때는 아이들이 아닌 다른 누구의 일상을 지키려 할 것이다. 중요한 것은 지향점을 가지며 살아가는 것이다.

다음으로 마음을 챙겨라. 남들은 학교 일도 척척 해내고 승진도 잘하는 데, 나만 유독 상처받고 학급 운영이 어렵다고 슬퍼한 적이 많았다. 번 아웃이 와서 쓰러질 뻔한 적도 있었다. 학교 일을 혼자서 도맡아 한 것도 아닌데 말이다. 한계에 대해 솔직히 인정하고 무엇을 잘하는지 파악해, 그것 하나만이라도 아이들에게 잘 전해줘라. 그러면 만족하고 그걸로 끝이다. 더 이상 한계로 상처받지 않도록 마음을 돌봐라.

지금의 나와 미래의 나는 얼마나 일치될 수 있을지 궁금하다. 그러기 위해선 나도 열심히 노력해야 할 것이다.

끝으로 교육 당국에도 전하고 싶은 말이 있다. "우리 후배 선생님들 월급 많이 올려 주십사."하는 내용이다. 언젠가 배우 김고은의 인터뷰 기사를 본 적이 있다. 내용인즉슨, 배우로서 받는 페이에 대한 일말의 양심과 책임감을 가져야 한다는 내용이었다. 처음 들었을 때 '돈값을 하겠다.'라는 표현을 한 어린 배우의 의지가 굉장히 신선하게 느껴졌다. 나는 유명하니 그만한 가치가 있다는 자만심이 아니라, 그만큼 더 투철하게 연기에 임하겠다는 의지였다.

교사로서 돈값이라고 하니 뭔가 속물적으로 볼 수도 있지만, 초등학교 실과 시간에 우리는 분명히 일과 직업은 생계를 유지하기 위한 수단으로서 반드시 필요한 것이라고 배웠다. 교사의 일을 돈의 가치로 환산하겠다는 뜻은 아니지만, 더 많은 급여로 그 가치를 더 인정해줬으면 하는 마음은 감추지 않고 싶다.

그리고 돈값을 해야 한다는 책임감은 더 열심히 아이들 교육에 매진하는 촉매제가 될 것이 분명하다. 교사로서 사명감도 높아질 것이고.

마지막 글에서 평소 말하고 싶은 속내를 시원히 밝혔다. 그렇다고 해서 부끄럽거나 그렇진 않다.

존경하는 선배들처럼 끝까지 흔들림 없이 나아가고 싶다. 교사의 삶을 잘 살아가려면 교사라는 역할뿐만이 아니라 개인의 삶도 충만하고 흔들림이 없어야 한다.

퇴직할 때 남기고 싶은 말들을 떠올리며, 매 순간 후회 없이 살아야겠다. 언젠가 퇴직한 내가 이 글을 다시 읽으며 "그래 참 잘했어. 정말 기특해."라고 스스로에게 말할 수 있기를 바라면서 말이다.

에필로그.
함께 걸어온, 그리고 걸어갈 시간

 한 해가 끝나가는 지금, 나는 교실에서 함께 한 소중한 시간을 떠올리며 이 글을 마무리한다. 때론 힘들고 지치기도 했지만, 모든 경험이 나를 성장하게 했고 지금의 나를 만들었다.
 책을 쓰고 싶다는 열망은 항상 있었다. 다만, 내가 뭐라고 책 한 권이나 되는 분량으로 교직에 대해 할 말이 그렇게나 많을까 싶어 주저했다. 또한 책을 쓸 정도로 훌륭한 교사도 아닌데, 그래도 되나 싶은 생각도 많이 했다.
 이 책은 그저 평범한 교사로서 스스로를 돌아보며 마음을 다잡기 위해 시작했다고 해도 과언이 아니다. 그리고 글을 쓰면서 교사로서의 정체성을 조금씩 채웠다.

먼저, 언제나 나를 믿고 따뜻하게 감싸준 남편에게 고맙다는 말을 전하고 싶다. 당신의 사랑과 지지가 없었다면 이 길을 계속 걸을 수 없었을 것이다. 늘 글 쓴다고 같이 놀아주지 못한 딸에게도 사랑을 전하고 싶다.

'우리 딸 고마워. 네가 엄마를 사랑하고 이해해준 덕분에 많은 어려움을 이겨낼 수 있었어. 네가 자라서 독립적이고 자신감 넘치는 어른이 되길 진심으로 바라.'

그리고 나의 귀여운 제자들에게도 감사의 인사를 전하고 싶다. 제자들의 반짝이는 눈망울과 순수한 마음이 언제나 큰 위로와 기쁨이었다. 내가 가르친 아이들이 부디 잘 자라서 현명하고 순수한, 좋은 어른으로 성장하길 진심으로 바란다.

학부모님께도 깊은 감사의 말씀을 전하고 싶다. 아이를 키우느라 얼마나 많은 애를 쓰셨는지 잘 알고 있으며, 이 땅의 모든 학부모님의 노고에 깊은 존경을 표한다. 그리고 나를 비롯한 여러 선생님과 함께 힘을 합쳐 우리 아이들을 잘 키워보자고 말씀드리고 싶다.

이 책을 통해 지난 18년간의 교직 생활을 돌아보며, 부족한 점도 많았지만 많은 것을 배우고 성장할 수 있었음을 느꼈다. 교사로서 누군가의 인생에 잠시 머물 수 있었음에 감사한다.

어떻게 살라는 가르침을 줄 만큼 대단한 교사는 아니다. 그래서 조금은 한심하기도 했던 일화를 들려주며, 책을 읽는 분들이 각자 느낀 바가 있어서 학교와 교육을 다시 생각해보는 데 도움이 된다면 더할 나위 없이 좋을 것 같다.

신해철님은 〈FM음악도시〉 마지막 방송에서 이렇게 말했다.

"우린 왜 사는가 하면, 그 대답은 행복해지기 위해서라는 겁니다. 그리고 우리가 찾고 있는 그 행복은 남들이 우와 하고 바라보는 그런 빛나는 장미 한 송이가 있어서가 아니라, 수북하게 모여있는 안개꽃 다발 같아서, 우리 주변에 여기저기 숨어있는 조그만한 송이를 소중하게 관찰하고 주워 모아서 꽃다발로 만들었을 때 그 실체가 보이기 시작합니다."

나는 이 책의 여러 꼭지가 그런 소중한 작은 꽃들이었음을 고백한다. 이 글을 읽는 모든 분께 진심 어린 감사의 마음을 전한다. 각자의 자리에서 자신의 삶을 묵묵히 살아내고, 때로는 버텨내다 보면, 우리의 작은 걸음이 모여 결국 큰 변화를 이끌어낼 것이라 믿는다.

* 초임 교사에게 전하고 싶은 습관 10가지

바른 학급 운영과 다른 선생님들과의 관계, 나아가 학부모님과 좋은 관계를 맺기 위해 초임 교사가 꼭 실천해야 할 10가지를 뽑아보았다.

1. 아이들과 좋은 관계 유지하기

사소한 일에 화내고 지적하기보다는 아이들과 좋은 관계를 유지하는 것이 더 중요하다. 당장 행동이 바뀌지 않을 테니 너그럽게 인내심을 갖고 말하며, 긍정적인 교실 분위기를 만들도록 하자.

2. 휘둘리지 않고 중심 잡기

교직 생활에서 여러 가지 의견에 흔들릴 수 있지만, 나만의 교육 철학을 굳게 지키는 것이 필요하다. 자신만의 기준을 세우고 교육의 방향을 잃지 말자. 아이들에게는 따뜻하되, 가르칠 것은 분명히 가르치도록 하자.

3. 급훈은 반드시 정하기

학급에서 제일 강조하고 싶은 것을 한두 가지로 정해 자주 말해주자. 내 경우에는 "다정하게 말하기"와 "남에게 피해 주지 않기"를 가장 많이 강조했다.

4. 감정적으로 대응하기보다는 이성적으로 대하기

무례한 학생에게 감정적으로 대응하지 말고, 마음의 여유를 갖는 것이 중요하다. 이렇게 해야 내 마음도 다치지 않는다. 상담도 바로 하기보다는 일단 문제 상황과 해결 방법을 글로 정리한 후, 내 머릿속이 정돈된 다음 진행하는 것이 좋다.

5. 아이들에게 솔직하기 말하기

진심은 통한다고 믿자. 아이들도 다 안다. 솔직하게 말하는 것이 가장 좋다.

6. 기본에 충실하기

아이들과 다양한 활동을 하려고 의욕이 앞서다 보면, 자칫 지쳐서 일관된 교육 활동을 이어가기 어려울 수 있다. 눈을 보고 대화하기, 긍정적인 마음을 심어주기, 자신의 의견 분명히 말하기 등 기본에 충실한 활동을 꾸준히 이어가자.

7. 동료와 소통하며 함께 하기

같은 길을 걷는 동료 교사들과도 속 깊은 이야기를 나누는 것은 중요하다. 도움을 요청하는 것을 어려워하지 말자. 손을 내밀면 분명 큰 힘이 되어 줄 것이다.

8. 힘들 땐 쉬어 가기

누구나 번 아웃이 올 수 있다. 그럴 때는 자책하지 말고 잠시 쉬어가자.

9. 개인에게 받은 상처를 확대하지 않기

동료 교사, 관리자, 학생, 학부모 등 다양한 사람들과 지내다 보면 상처받는 일이 생기는 것은 어쩔 수 없다. 누군가 한 사람 때문에 다른 모든 사람에게 마음의 벽을 닫지는 말자.

10. 교실을 깔끔하게 유지하기

공간은 치유와 위로의 힘이 있다. 잘 정돈된 교실은 아이들과 교사인 나에게도 차분히 집중하는 힘을 준다. 화려하기보다는 심플하게, 각 물건의 정리 공간을 마련해 주면 아이들도 주도적으로 잘 정리한다.

* 학부모님에게 전하고 싶은 습관 12가지

자녀가 즐거운 학교생활을 할 수 있도록 가정에서 부모님이 꼭 가져야 할 습관 12가지를 정리해보았다.

1. 자녀의 학교생활에 예민하게 반응하지 않기

자녀가 친구 문제나 학교생활 중 어려움을 이야기할 때 자녀보다 흥분하여 예민하게 반응하지 않도록 주의하자. 아이가 겪는 문제는 자연스러운 일일 수 있음을 알려주고, 차분히 잘 해결할 수 있다는 믿음을 심어주자. 부모의 감정 조절이 중요하다. 감정 조절이 되지 않으면, 아이는 훗날 부모님과 어떤 문제나 고민 등을 이야기하는 것에 있어 어려움과 부담감을 갖게 된다.

2. 말로 차분하게 설명할 수 있도록 하기

아이가 자신의 감정을 다스리고, 자신의 감정을 말로 표현할 수 있도록 격려하자. 이는 자녀가 어려운 상황에서도 자신의 감정을 건강하게 표현하고 표출할 수 있도록 하는 중요한 습관이 된다.

3. 문제가 생기면 자녀 스스로 문제와 해결방법을 적어보도록 하기

자녀가 어떤 문제를 겪을 때, 말로 표현하기 어려운 것이라면, 글로 적어보도록 해보자. 아이 스스로 문제를 해결할 수 있다는 믿음을 심어주면, 아이는 더 자신감 있게 문제를 해결하고자 한다. 자기 주도적인 문제 해결 능력을 키우는 방법이다.

4. 예의 바르게 행동하도록 하기

인사, 감사 인사, 사과하는 법 등 예의 바르게 행동하는 습관을 강조하자. 자녀가 사회에서 긍정적인 이미지를 형성하며, 다른 사람들과 좋은 관계를 유지하는 데 중요하다. 부모부터 먼저 모범을 보여야 한다는 것도 잊지 말자.

5. 자녀에게 사과하는 것을 두려워하지 않기

어른도 실수할 수 있음을 자녀에게 보여 주자. 자녀에게 진심으로 사과하는 모습을 보이면, 아이는 사과를 하는 것이 부끄러운 일이 아니라, 자신의 잘못을 인정하고 개선하는 과정임을 배우게 된다. 이를 통해 책임감을 배우고, 다른 사람과 건강하게 소통하는 방법을 배운다.

6. 선생님과 마음을 터놓고 이야기하기

자녀 교육에서 부모와 교사의 협력이 중요하다. 혹 이전 교사로부터 상처를 받았다 하더라도, 자녀의 문제에 대해 솔직하게 이야기를 나누는 것이 중요하다. 담임 교사와 열린 대화를 할 때 아이에게 필요한 솔루션을 더 빨리 정확히 찾을 수 있다.

7. 자기중심을 지키는 아이로 자랄 수 있도록 격려하기
자녀가 배려심을 갖되, 다른 사람의 기분을 지나치게 살피지 않도록 해야 한다. 아이가 자신의 감정을 소홀히 다루지 않고, 자기중심을 지키며 건강한 관계를 맺을 수 있도록 격려하자.

8. 성공과 실패를 고르게 받아들이기
성공과 실패는 경험의 일환임을 가르쳐 주자. 실패를 두려워하지 않도록 도와주며, 실패 후 다시 일어설 수 있는 긍정적인 태도를 길러 주자. 자녀가 어려움 속에서도 긍정적인 마음을 잃지 않고 성장하는 데 큰 도움이 된다.

9. 스스로 할 수 있게 하기
과제를 언제 할지, 어떤 순서로 할지 스스로 계획하여 실행하게 하고, 책가방도 전날 직접 챙기게 하자. 부모가 나서서 해주기보다, 시간이 더 걸리더라도 아이 스스로 해보는 것이 중요하다. 자기 결정성 이론에서는 아이가 자율적으로 선택하고 결정할 수 있을 때, 내면에서 동기가 생긴

다고 말한다. "내가 이걸 왜 해야 하지?"라는 불평이 "내가 직접 해보고 싶어서."라고 바뀌는 순간, 아이는 즐겁게 몰입하는 사람이 된다. 부모가 아이를 도와줄 수 있는 가장 좋은 방법은 '기다려주는 것'이다. 실수도 하고 놓치는 것도 있겠지만, 이 과정을 통해 아이는 점점 더 유능해지고 책임감 있는 사람으로 자라게 된다. 하루하루 스스로 해보는 작은 선택이 모여 아이의 독립성을 쌓을 수 있다.

10. 올바른 친구 관계를 위해 개념을 잘 정리해주기

올바른 친구 관계의 개념을 명확히 알려주자. 친구는 소유하거나 통제할 수 있는 존재가 아니라 상호 존중과 배려를 바탕으로 한 관계임을 가르쳐야 한다. 또한 좋은 친구가 어떤 친구인지, 친구를 사귈 때 중요한 점은 무엇인지에 대해서도 함께 이야기를 나누자. 아이들은 절교의 의미도 잘 모른 채 그런 말을 자주 쓴다.

11. 선생님에게 상담 요청은 구체적으로

자녀의 학교생활과 관련하여 상담이 필요할 때 선생님께 연락을 드리는 방식에도 요령이 필요하다. "선생님, 오후 시간 괜찮으실 때 연락주세요."라는 짧은 메시지는 교사 입장에서는 하루 종일 어떤 일인지 고민하게 만든다. 갑작스럽고 내용이 없는 메시지는 수업에 영향을 줄 수 있으며, 선생님도 미리 상담 내용을 준비할 수 없어 곤란하다. 가능하면 상담이 필요한 이유와 주제를 구체적으로 알려주는 것이 좋다. 예를 들어 "○○이가 친구 관계에 ○○한 어려움이 있어서 상담하고 싶습니다. 언제쯤 통화 가능하실까요?"라고 남기면, 교사도 미리 상황을 파악하고 더욱 알찬 상담을 준비할 수 있다.

12. 학교 수업의 의미를 아이에게 알려주기

학원에서 미리 배우고 와서 학교 수업에 집중하지 않거나 지루해하는 아이들이 많다. 학교 수업은 단순히 지식을 전달받는 자리가 아니라, 친구들과 함께 생각을 나누며 성장하는 중요한 공간이다. 가정에서는 "세상은 함께 살아가는 곳이고, 학교는 이 세상을 살아갈 준비를 하는 곳이야. 친구들과 협력하는 태도는 꼭 필요한 배움이며, 이미 알고 있다 생각되더라도 친구들과 선생님의 의견을 듣다 보면 생각의 폭과 깊이를 넓힐 수 있을 거야."라는 말을 아이에게 자주 들려주자. 이 한마디가 아이의 교실에서의 태도와 배움에 대한 마음가짐을 바꿀 수 있다.

(BH 056)

일상을 지켜주는 교실
: 함께 알아야 하는 우리 아이 교실 풍경

초판 1쇄 발행 2025년 8월 1일

지은이 오후야

펴낸이 이승현
디자인 페이지엔

펴낸곳 좋은습관연구소
출판신고 2023년 5월 16일 제 2023-000097호

이메일 buildhabits@naver.com
홈페이지 buildhabits.kr

ISBN 979-11-93639-48-1 (13370)

- 이 책은 저작권법에 따라 보호받는 저작물이므로 무단 전재와 복제를 금지합니다.
- 이 책의 내용 전부 혹은 일부를 이용하려면 반드시 좋은습관연구소로부터 서면 동의를 받아야 합니다.
- 잘못된 책은 구매하신 서점에서 교환 가능합니다.

좋은습관연구소에서는 누구의 글이든 한 권의 책으로 정리할 수 있게 도움을 드리고 있습니다. 메일로 문의주세요.